Un Mundo de Pensamientos

Manuel Hurtado E.

Para ordenar copias adicionales de este libro, contactar:
Palibrio
1-877-407-5847
www.Palibrio.com
ordenes@palibrio.com
324717

ÍNDICE

PROLOGO

Desde que tuve uso de razón comencé a admirar infinitamente a la mujer, la primera mujer fue mi madre quien me inspiró tanto por ser ella la mujer más maravillosa que pude tener como símbolo de lo máximo, como mujer sus cualidades para mí nunca tuvieron punto de comparación, fue mi principal fuente de inspiración para adorarlas y la vida que siempre sigue su curso me hizo conocer mujeres tan hermosas y de grandes cualidades que impactaron mi mente inspirando tantos pensamientos de amor, tragedia, dolor, pero también de pasión, recordarlas han sido parte de la fuente de mi inspiración para escribir, pero un día a mi vida llegó la mujer que impactaría y sellaría mi vida a ella, amarla y admirarla por su manera de ser fue parte de mi felicidad, ya que de ese amor vinieron lo máximo que a mi vida pudo llegar, las mujeres más grandes a las que ninguna palabra podría explicar lo que para mi significan, ya que cinco hijas llenaron todo lo que mi alma pudo conocer como la más infinita felicidad que en este mundo pude tener, y qué decir de mis nietas hermosas, grandiosas como las mujercitas indescifrables pero que han llenado también mi alma de inspiración para pensar en componer estos pensamientos ya que "Mujer" ha sido para mí en todos los sentidos lo máximo de este universo que pudo haber creado Dios para honrarlas, venerarlas, adorarlas y amarlas por eso digo que el perfume que me llega me las recuerdan, si oigo música es tanta mi inspiración que no la puedo detener. Yo si me he pasado la vida adorando a la mujer, ya que yo si no encuentro motivos para no pensar en ellas siempre, su belleza, su perfume, todo lo que ellas me han inspirado estarán en mi vida y en mi mente por siempre.

Y por eso les dedico con todo mi amor a mi madre, mi esposa, mis hijas y a mis nietos este libro Mundo de Pensamientos.

Manuel Hurtado E.

---

2. TU CANTO DE AMOR   04-17-09

A mi mente llenas con tu voz los sonidos de un sueño,
ese sueño que descarga a mí ser de torturas, dejándolas dormir,
y me hace vibrar con tu voz llenándome de amor por tí,
haciendo de mis días, los más completos de amor a tu lado,
llevándome en cada paso a lo más real de tu amor,
excitando mi ser y llenando mi alma de tí,
tocas mi corazón con el color intenso de tus ojos,
que con tu mirar tratas de descubrir la razón de mi tristeza,
para cambiarla por la armonía y candor de tu voz,
que a la vez llenas todo en mí, con tu amor,
y qué decir de tu cuerpo, que eleva al infinito mis sentidos,
tu forma es de la más incomparable belleza,
tú realizas el verdadero vivir en el amor y la pasión,
dejando a la realidad del vivir en otra dimensión,
ya que con tu amor transfieres a mi ser en el imperio de tu vivir,
lleno de amor que eres tú,
ata mi ser a tu vida hasta el fin,
y llévame hasta las lágrimas con tu cantar, vida de mi amor,
llévame en tu caminar, porque en mí la juventud se esfuma,
y las torturas de la vida en mí volverán sin tu cantar,
y como no he de llorar ante tu cantar,
que es como despertar en la más hermosa de las auroras.

3. SOLO 04-18-09

¿Solo?, solo sí, ya que no puedo encontrar una luz,
Una luz que me saque de estas penumbras,
de esa tiniebla en que mi alma vive,
soñar siempre en la vida ideal,
me ha llevado al fondo de un abismo,
en el que la vida se llena de frustraciones y torturas,
tan solo fue un error mal calculado y la caída no ha tenido fin,
en esta oscuridad la vida es sin sentido,
¿Cómo encontrar la luz que te haga salir de ella?
Encontrar esa luz que te haga llenar tu mente de logros,
la soledad solo me encierra en la impotencia y la tristeza de un camino que se
    me derrumbó en los pies al buscar la gloria,
solo tristeza, torturas y pesares ahora me rodean,
¿Dónde encontrar esa mano que me haga salir de este abismo?
Mis manos, mi cuerpo y mi alma se llenan más de espinas, en cada intento de
    salir de esta oscuridad,
recordar que mi caminar era siempre en ascenso,
pero la desgracia de pisar en falso,
me ha hecho caer en este abismo,
¿Dónde encontrar esa luz, esa mano?
Que me haga encontrar el camino nuevamente,
cuando el fin de mi vida está tan cerca,
¿Será acaso solo en la muerte, la forma de encontrar esa ayuda?

4. ¿PODRAS CORREGIR? 04-18-09

Me dices que corrija o agregue,
¿Pero cómo?
Cuando la carga en tu ser pesa tanto,
cuando no puedes corregir ya nada,
porque todo lo has dejado como en una tumba,
sí, muertos han quedado tus actos,
y ahora corregirlos no tiene ya lugar,
ahora sé que el injurio de mis actos sepultaron tantos sentimientos, ideas,
    amores y recuerdos,
que ahora agregar o corregir es ver que en mi torpeza al vivir, nada se puede
    hacer,
solo me hará morir más, y ver que en mi vida ya nada podrá corregirse,
todo sí, irá siendo sepultado, como ha sido todo lo que he hecho,
pues todo fue equivocado,
pareciera que todo lo que hice, lo hice ciego,
ya que al querer hacer bien,
como construir, solo hice mal, solo destruí,
si tan solo pudiese realmente corregir,
y agregar una nueva forma de vivir,
pero creo que eso solo se logra desde la infancia,
cuando te puedes preparar para no tener que corregir ni agregar,
cuando solo puedes crecer y alimentar tu vida con lo mejor de tí.

5. SORPRENDER 04-18-09

No trates de sorprender,
que en la vida todo está hecho,
tú no puedes crear nada nuevo,
solo un alma con talento lo logra,
tus palabras tienen que tener el peso,
para grabarse en la mente de los demás como en una roca,
tu pereza al vivir te convirtió en nada,
tu pereza la utilizaste para que los demás te lo dieran todo fácilmente,
tu pereza solo logró hacer de tí una carga para los demás,
¿Y es ahora cuando deseas cambiar tu vida?
¿Es ahora cuando quieres decir que tienes algo que darle a la vida?
tonto iluso, tú ya no tienes nada que dar,
en tu pereza no quisiste escuchar,
en tu pereza no quisiste aprender,
en tu pereza no quisiste desarrollar tus posibles talentos,
¿Qué le puedes dar ahora a la vida?
Si no es otra cosa más que ¡Nada!
porque nada eres,
porque nada tienes,
porque nada sabes,
vamos vuelve a nacer, devuélvete a vivir
porque esa es la única forma en que tú podrás,
"Sorprender a la vida."

6. GABY ADELE 04-18-09

La emoción y ansiedad que da una nueva vida,
llena todos mis sentidos,
y con gran expectación y una brizna de esperanza todo cambiará,
y es que esa emoción de lo desconocido que lentamente viene a nuestras vidas,
es tan excitante que evapora toda tristeza de nosotros,
es una nueva vida que está por comenzar,
y alberga todo un sueño de ilusiones,
porque al comenzar tu nueva vida,
nos llenarás de cantos y trinos celestiales,
haciendo de nuestras vidas todo un cambio,
Adelante Gaby Adele vierte en nosotros el gran cambio que nuestras vidas
    necesitan,
el ver un nuevo ser que viene a llenar esos espacios vacíos que nos da la vida,
¡Sí!, ven, porque es indescriptible esta emoción de ver que eres una nueva vida,
ven a enamorarnos de tí,
ven a llenarnos de tus alegrías,
que ésta tu nueva vida lo hemos esperado tanto,
que nos va hacer vivir por Gaby Adele,
que nos va hacer pensar solo en Gaby Adele,
tu vida se va a convertir en la esperanza de un nuevo mundo,
un nuevo mundo para nosotros que nos vas a dar con tu presencia,
que nos va a llenar todos los sonidos del cielo con tu voz,
con tus sonrisas y tristezas, llantos y alegrías nos vas dar lo que tanto esperamos.

7. ACTOS 04-21-09

Hechos y actos que han impactado nuestras mentes,
que ante la indecisión de quienes pudieron evitarlos,
y que nunca lo hicieron a pesar de su poder,
nos dejaron asombrados por la tragedia que dejaron,
pero entonces cómo describir lo que en nuestro diario vivir, tantos actos que
    cometemos,
que impactan a los que nos rodean, y que nunca los evitamos,
somos muy astutos para juzgar a los demás,
pero demasiado inútiles para juzgarnos a nosotros mismos,
diariamente cometemos actos que hieren, desbaratan,
que se clavan como dagas en los que supuestamente amamos,
nos horrorizamos cuando vemos que han violado, robado, asesinado, secuestrado,
tantos graves delitos,
pero ¿Cuántos que como tales, cometemos a cada momento?
¿Por qué no comprendemos?
¿O porqué nos escudamos en la ignorancia?
Que con un ¡No sabía que lo hacía!
Te destruyeron el amor, la amistad, la confianza, tantas palabras con que
    describimos una relación,
Pero ¿Cuándo y cómo aprender a juzgarnos a nosotros mismos?
Que ante la excusa encontrada siempre,
nunca queremos reconocer lo que hicimos,
y seguimos diariamente dañando a los que nos rodean.

8. OLVIDARME 04-22-09

Me voy a olvidar de que exististe,
como tonto me enamore de tí,
te elevé tanto en mis sentimientos,
y sé que nunca me equivoqué,
porque sin tu presencia el mundo se volvía realidad,
la realidad en que tenemos que vivir,
mientras que al amarte, otro mundo se formaba a nuestro lado,
tu sonrisa alejaba de mí el cansancio y los pesares,
con tus palabras inspirabas en mí los más tiernos, sublimes y apasionados
    sentimientos,
el vivir los días a tu lado se hicieron siglos de dicha,
provocabas los más excitantes momentos de amor,
dirigiste mis pasos por esos senderos de lo mejor de la vida,
contigo hiciste de mi vida los más gloriosos instantes,
de tal manera que no me dejaste sentir cuando la vida se esfumó,
porque ahora sé que el fin para mí está cerca,
y por todo el amor que me diste no quiero sembrar en tí la sombra de la soledad,
y ahora sé que me tengo que olvidar yo de tí,
porque sé que a donde voy, no podrás venir conmigo,
pero si existe el infinito, entonces te estaré esperando, porque sé que sin tí,
nada será, nada habrá que me lleve a vivir en la eternidad como lo hiciste en
    esta vida.

9. ¿VIVI? 04-22-09

Cuantas veces me he preguntado,
¿Por qué he vivido tanto?
Si tantas veces la muerte casi me tuvo en sus manos,
Tan cerca estuve de ella desde niño,
tantas veces que desperté a la vida,
cuando todo parecía haberse acabado para mí,
una pulmonía, una caída, un envenenamiento,
y tantas veces que el peligro de una tragedia estuvo tan cerca de mí,
tantas enfermedades que parecieron mortales y sin embargo viví,
y es hoy cuando yo le pregunto a la vida,
¿Qué es lo que has esperado de este ser?
Que por la misma muerte tan cerca de mí,
confundió siempre mis ideas, me hizo torpe,
para amar, trabajar, estudiar,
pero sé que cada instante que viví fue tan intenso,
que me siento tan agradecido con la vida,
que ahora después de arriesgar tanto,
creo que unas palabras que dejé como legado de mi pensar y vivir,
podrá tener algún valor,
y es por eso que ahora a la muerte le pido,
espérame, déjame escribir más,
déjame vivir un poco más,
que quizás ahora pueda aprender algo más,
ya que sé que ahora si vendrá un final muy doloroso,
porque ahora la sombra del cáncer me acompaña,
y debo, debo luchar por dejar palabras que alienten a vivir,
a vivir esos pasajes que tan maravillosos me regaló la vida,
que tan intensamente me permitió vivirlos Dios.

10. RECUERDOS 04-22-09

En ese atardecer y en la quietud del mar,
que en su misma calma refleja el azul del cielo,
se vierten mis memorias,
que como las olas van y vienen,
lo bueno y lo malo de esos recuerdos,
que en lo vivido me trajo tanto amor y tanta tristeza,
pero al ver esa quietud del mar,
me hace sentirme volar como las aves,
yo en busca de más vida como la que tuve,
ellas en busca de alimento,
y yo en pos del alimento que aumente mi vivir,
para traer a mi mente los recuerdos,
pero sé que no es el sol, no es el mar,
ni tampoco mi imaginación lo que dará vida a mis memorias,
es la gente, con quien las viví,
quienes como el mar se perdieron en el horizonte de mi vida,
y el traerlas a la mente solo son fantasmas en lo que se convierten en mi
    alrededor,
descubrir que no todo es esplendor,
sino que como en el mar también encuentras tormentas,
como los que se convierten mis días,
que en el color y calor de esos recuerdos,
también se tornan en una tormenta en mi alma,
por la soledad en que vivo,
y que solo memorias hay.

11. ¿VEJEZ?   04-23-09

Con cuanta crueldad nos puede tratar la incompetencia con que vivimos,
llegar a la vejez sin haberse preparado,
sin dinero todos los problemas te acosan,
y claro buscas trabajar,
pero ¿en qué? Te dicen si ya eres un anciano,
quieres viajar, pero tus enfermedades,
te impiden salir tan solo a la puerta de tu casa,
necesitas ejercicio, te recomiendan,
pero todo tu cuerpo está ahora lleno de enfermedades,
quieres oír esos fabulosos conciertos,
pero tu sordera no te deja oír a los que te hablan,
quieres ver las maravillas de la naturaleza, los atardeceres,
pero ¿Cómo? Si tu ceguera no te deja ver ni a dos pasos,
quieres comer todos esos platillos tan deliciosos,
pero ¿Cómo? Si todo te hace daño,
pero no es ahora que la crueldad de la vida te castiga en tu vejez,
fuiste tú quien nunca quiso escuchar consejos,
prepárate para la vejez te decían,
y tú ¿que hacías?
No para que, yo vivo el momento decías,
nadie tiene segura la vida repetías,
y si no, todo con el tiempo lo arreglaré,
pero mírate a ti mismo ahora,
todo se descompuso en tí,
y ya nada puedes hacer,
solo te queda enfrentarte a tu vejez y esperar tu final,
que ése si vendrá y vendrá a acabar con todos tus errores.

12. ¿AMAS? 04-23-09

Con cuanta satisfacción se vive cuando amas y te aman,
compones canciones, poemas versos, le cantas a la vida,
les dices a todos que te aman,
y te llenas de orgullo,
me ama tanto como yo la amo a ella,
Pero, ¿Qué sucede cuando solo tú amas y ella solo te soporta?
¿Cómo ves la vida?
¿Cómo vivir en la desconfianza de amar a quien no te ama?
Cada paso que das, la desconfianza te asalta,
en todas partes ves el engaño,
no vives pues todo lo dedicas a tratar de que te amen,
pero nada logras y muchas veces te llenas de hijos,
y aquel amor que trataste de crear solo lo fincaste en el aire,
no puedes aceptar que no te aman,
tu vida se derrumba, y lo que pudo ser fincada una vida de triunfos,
solo se vuelve una vida rutinaria sin logros,
tu vida se vuelve discusiones, malos tratos, todo se vuelve sin valor,
Y ¿quiénes son los que más se afectan en ello?,
Ni que decirlo, se crean seres tan fríos y sombríos,
en nada creen, crecen como seres sin guías,
y pronto empiezas a ver, lo que creaste,
una vida sin amor,
una vida inútil que nada podrá enseñar,
una vida sin versos ni poemas, solo lágrimas,
Porque nunca queremos aceptar que no siempre al amar te amaran.

13. EN MI PASADO   04-24-09

¿Cómo cambiar la emoción que me envuelve?
cuando pienso que estoy en ese pasado,
en ese pasado que lleno de promesas me hacia vivir intensamente,
al sentir el reflejo del amor en aquellos ojos que en su belleza me envolvía,
pensando siempre que sería eterno,
me llenaba de amor y esperanzas de vivir eternamente en aquella belleza de
      vida,
en aquellos momentos que de día o de noche disfrutaba tanto al vivirlos,
que el tiempo no contaba para mí,
caminar de la mano de quien me amaba,
me lanzaba a encontrar esos medios que nos llenaría de felicidad,
la pasión, el amor, la música, el deber diario envolvió mi vida,
y el tiempo esfumó la vida en los años,
tantos que hoy me siento que no sé donde estoy,
y me encuentro reviviendo ese pasado que ya no existe,
ya que al revivir el pasado me doy cuenta que el tiempo se fue tan rápido que
      no me dejó sentirlo,
y hoy que quiero usar aquellas ilusiones por las que tanto luché para vivir,
me encuentro en una enorme soledad,
que no cabe en mí vivir el presente,
porque aquellos tiempos que fueron tan intensos al luchar por la vida,
hoy solo me dejan preguntando,
¿Dónde, dónde está todo lo hermoso de lo que viví?
¿Me lo irá a devolver Dios en algún momento?
O será solo después de la muerte.

14. FALSEDAD   04-27-09

Inmensa es la angustia que me da,
ante la mentira,
ante el engaño,
¿Cómo regresar a la calma?
Cuando te llenan de dudas,
cuando te ignoran,
cuando te ves usado,
porque jamás te amaron,
porque siempre te demuestran asco, olvido e indiferencia,
eres nada en la mente de quien dice amarte,
vives en un mundo de incertidumbre,
siempre esperando el golpe que acabará contigo ante ese falso amor,
fincaste tu vida ante quien sin sentimientos te sigue usando, burlándose de tí,
sin importarle cuánto daño te haga,
pero lo malo es que ya no puedes deshacer ese nudo que te ata,
y siempre te están diciendo que están contigo,
pero lo único que te demuestran es hipocresía,
diciéndote siempre que eres tú quien no comprende su amor,
y que tú a la vez no le encuentras el sentido de ese amor,
amor que se fincó en el engaño, la falsead,
en la ignominia de un acto carente de valor,
que su único fondo era la maldad,
y que a cada momento te lo marcan,
haciéndote ver y entender la basura que eres para ese ser que creíste que te
    amaba,
pero que en tu ceguera no lo entendiste nunca.

15. LAUREN 05-01-09

Como una princesa llegó a nuestras vidas,
su carita tan bella que era como ver un ángel del cielo,
sus sonrisas poco a poco nos llenaron de alegrías,
sus hermosos caireles alrededor de su carita la hacía verse tan hermosa,
pero a pesar del sufrimiento de ella en sus momentos difíciles,
el tenerla, oírla y ver como se ha desenvuelto en su vida,
es lo que nos da la mayor dicha al ver como sangre de nosotros mismos,
se ha convertido en un ser tan angelical y hermoso,
con su vocecita nos encanta y nos paraliza de emoción,
es como oír melodías y poemas a la vez,
un ser que le da tanto sentido a nuestras vidas,
y que nos llena el alma de amor con su encanto y dulzura,
nos inspira a crear un mundo como el suyo que parece vertido del cielo,
nos ha sellado en el corazón todas las esperanzas que el cielo nos puede dar,
ya que al ser parte de nuestras vidas, es como vivir en parte del paraíso,
recordarla en cada momento de su vida es llenarnos de felicidad,
en sus primeros días, esa bebé que era todo sonrisas,
o esos momentos de sus primeros pasos,
todo ha sido como un poema.

16. VIVIR BIEN

¿Cómo pretender vivir bien?
Cuando careces de cordura,
estallas tus nervios a cada momento,
y todo porque no te adaptas a un mundo acostumbrado,
a la violencia,
al despego de las leyes,
a la insaciable ambición por riquezas que nunca llegan a tener,
a sistemas que son tan inhumanos donde te niegan hasta la atención médica,
sin importarles que tan grave se esté,
todo por una simple cita anticipada que no hiciste,
vivir en un mundo en que cada quien pregona como suyo,
y que matan por el solo hecho de entrar a él,
un mundo donde nadie se quiere ni así mismo
donde los vicios cada vez se justifican más,
porque según las leyes, no quieren violar los derechos humanos,
sin importarles cuantos mueran por sus vicios,
un mundo de costos donde a nadie le importa el hambre de los demás,
donde todos tienen que pagar el precio de lo que sea, y que es impuesto
    arbitrariamente,
donde un empleo te lo dan, no por tu capacidad sino como limosna,
donde te niegan el agua pero la desperdician cuando llueve,
donde a tí te califican de ignorante,
cuando son los demás los que actúan como tales,
¿Cómo no explotar los nervios?
Por más que estudias, luchas, trabajas, rezas,
siempre vives como los miserables,
¿Cómo pretender vivir bien entonces?

17. TU IMAGEN 05-05-09

Me absorbe la tristeza y a la vez me deprime,
el ver que he perdido tu imagen en el tiempo,
el amor que nos unió venció muchas barreras,
pero desde que partiste dejaste mi alma y mí ser en un hondo vacío,
que llena de tristeza mi vida,
haciendo que se pierda en las sombras tu imagen,
me diste tanto y no supe agradecerte,
tu amor fue siempre de absoluta entrega,
vivir en esta penumbra es tan doloroso,
las mejores aventuras de amor las tuve contigo,
incomparables noches de amor,
como incomparables fueron los días a tu lado,
siempre en un romance,
siempre llenos de vida,
las tardes en que abrías tu corazón para cantar canciones de amor,
para entretener mis pensamientos, solo en tí fueron incomparables,
caminamos por tantos lugares, siempre amándome,
que hoy aunque los recorro, algunos me parecen tan distintos de cuando lo
     hacíamos,
no había frío, calor o lluvia que pudiésemos notar, solo el amarnos,
y hoy todo es tan frío y sombrío, que nada tiene comparación al pasado,
el escuchar melodías era como estar en el cielo a tu lado,
hoy parece música del infierno la que escucho,
no puedo más que decir cuánto te amé, y que hoy, solo el recuerdo me queda,

18. ¿CÓMO SE PUEDE CREER EN TI? 05-02-09

Al conocerte se me olvidó algo,
algo en lo que no aprecié,
eras un ser tan hermoso pero,
¿Cómo se puede creer en tí?
Con la dureza de tu carácter,
la insensibilidad de tus sentimientos,
la crueldad de tus actos,
la indiferencia con que respondes,
la frialdad con que te entregas,
la soberbia con la que no admites culpas,
el silencio con que contestas a los reclamos,
lo altanero con que lo tratas a uno,
el despego a la realidad con que te expresas cuando se te juzga,
el desprecio con que evades contestar las dudas sobre tí,
la arrogancia con la que justificas tus actos,
dices amar y demuestras asco,
dices estar alegre y sin embargo demuestras pesadumbre,
preguntar por tus pensamientos es encontrar por respuesta nada,
estás con uno y sin embargo pareces ausente,
¿Cómo se puede creer en tí?

19. CELOS 05-06-09

¿Desconfianza o celos?
Cómo se puede enterrar el alma en las dudas de una infamia,
cuando se muere alguien se lleva tanto de nuestro mundo,
que no vemos alivio,
sus recuerdos son tan profundos cuando se ha vivido junto a alguien de gran valor,
deseamos tanto conservar la vida,
pero nada podemos hacer cuando los ciclos de vida se cumplen,
pero como duele cuando esa vida apenas comenzaba a sembrar en nosotros tanto,
y ver que no alcanzó a llenar sus deseos de vida,
cuando pudo contribuir tanto,
cuando pudo construir tanto,
hacer y demostrar lo que muchas veces, nunca lo veremos en seres que viven tanto,
y por lo mismo ¿Cómo podemos desperdiciar tanto nuestras vidas con esos seres que solo siembran desconfianza y dudas de quiénes son?
nos enfocamos en darles toda la atención por los celos que nos producen,
y habiendo tantos seres tan valiosos, que pierden su vida tan prematuramente,
que casi siempre es en la plenitud de la juventud,
y que siempre fueron tan claros para amar y entregar sus vidas,
por lo que es tan importante cuando amamos, entregar con toda claridad nuestros sentimientos,
y así edificar en cada día lo más intenso que podamos dar en esta vida, que puede ser tan corta,
no es justo llorar por celos, cuando otros lloran ante la muerte del ser que los amó,
y que no pudo dar todo lo que hubiera podido dar en su vida,

20. ¿ILUSO? 05-06-09

Señor, tú que eres el creador de todo,
por favor cancela mi vida,
devuélvela a su inicio,
te prometo que ahora sí voy a hacerlo bien,
estudiaré y aprenderé todas las ciencias físico matemáticas, filosóficas
   sicológicas,
aprenderé a tocar música en todos los instrumentos musicales, piano, violín etc.,
cantaré el Ave María como el mejor tenor,
ingresaré a la Universidad después de graduarme en alguna Escuela Militar
   donde me enseñen los más altos valores morales y disciplina,
y sobre todo seré tu mejor hijo,
respetaré y haré cumplir todos y cada uno de tus mandamientos,
y como ahora si quiero vivir muy sano,
me voy a convertir en el mejor deportista del mundo,
me voy a preparar para ganar la mayor cantidad de medallas olímpicas,
sí, en todos los deportes que pueda,
iré a la Universidad para ser Doctor, Abogado, Ingeniero en todas las ramas,
y así podré ayudar más a mis semejantes,
y claro donde quiera me darán los mejores y mejor pagados empleos,
también voy a aprender a bailar, contar chistes, te prometo ser el centro de toda
   reunión,
y cuando me case, será solo con una sola mujer a la que le dedicaré toda mi
   atención y mi vida,
buscaré la más sana y perfecta mujer del mundo, la más hermosa para que si
   tenemos hijos, sean los más sanos y perfectos del mundo,
los voy a amar y respetar, los guiaré por los mejores caminos del mundo,
te prometo que seré el marido perfecto, el padre ejemplar,
regrésame Dios mío, cancela toda mi vida que ahora sí sé lo que quiero,
y es volver a empezar.

21. ¿POR QUÉ? 05-08-09

Por más que busco en las sombras,
y en lo más profundo de mis sentimientos,
y, no, no encuentro respuesta a,
¿Por qué te amo tanto?
Desde que te ví a los ojos, mi alma y mí ser, se encadenaron a tí,
y cada eslabón de esa cadena se fueron haciendo más y más gruesos.
conforme te besaba, tus caricias hacía esos eslabones más y más gruesos,
y nada los ha podido romper,
¿Qué hay en tí?
¿Qué es lo que te ha hecho ser tan especial para mí?
El amor que empecé a sentir por tí desde el primer momento fue tan absorbente,
tan intenso que ya nada había en este mundo para mí,
solo tu imagen, solo tu presencia llenó mis espacios,
en todos lados tu imagen estaba,
tu perfume lo encontraba en todos lados,
nada ha existido en mí, solo tú,
y hoy que sigo buscando esa respuesta,
encuentro tan grandes las cadenas que me atan a tí,
que menos hay respuestas a mi búsqueda,
y solo ahora me aterra el pensar en perderte,
y es que solo la muerte podrá separarme de tí.

22. AMORES IMAGINARIOS 05-13-09

Cómo vencer las pasiones que brotan al pensar en un amor imaginario,
cuando las llenas de ideas que tu imaginación construye en tu mente sobre la
    mujer perfecta,
qué crees tú va a llenar todos tus deseos,
que te va hablar con palabras que te harán sentir ser el ser más amado y
    deseado,
la forma tu mente como la más grande perfección de mujer que tus instintos
    desean,
pero cuando la realidad golpea tus sentidos y te encuentras en una soledad
    enorme,
la ridiculez invade tu mente por tus deseos,
por lo que pregúntate ¿acaso tú eres tan perfecto?
porqué siempre estás deseando imposibles,
y casi, o nunca te dejas acercar a la realidad,
el amor debe ser espontáneo y sincero,
lo demás lo trae el mismo amor,
arregla tu mente para que sepas cuando el amor llega a tí,
y nunca lo llenes de fantasías, solo realidades son las que lo aumentan,
vivir en un mundo de amor real te hará feliz,
y podrás hacer feliz a quien amas.

23. FALSAS ILUSIONES 05-14-09

En ese correr de las horas, y ver que en la soledad, mi vida,
se me ha que dado el corazón destrozado, por tantas falsas ilusiones,
ilusiones que siempre esperé de la vida, pero que nunca llegué a realizar por completo,
por esa incompatibilidad que te da el empeñar tus ilusiones en quien es capaz de usarte,
de vivir dándote siempre falsas ilusiones de amor,
de no abrirte su corazón, para saber cuánto te amaba o te odiaba,
corrieron los días, los meses, años y nunca se concretó nada,
y siempre caminando llenando el corazón de recuerdos en que esperé vivir en plena dicha,
pero que solo en mi mente se acumularon, esos momentos que creí en el amor,
pero que una amarga realidad siempre la acompañó, ya que solo fue demasiada frialdad,
cuando pudimos amarnos tan intensamente, cuando la pasión pudo derramar toda la felicidad,
solo el despertar y encontrar cuanto se desperdicio la vida,
se rompe el corazón y se entrega uno a la amargura que en la vejez te atrapa,
cuando no llenaste tu corazón de amor que te hiciera vivir siempre joven,
ya que nunca lo encontraste con la fortaleza de un amor verdadero,
siempre evasivos o falsos, ya que muchas veces solo el interés buscaban en mí,
y hoy me niego a vivir de los recuerdos de falsas ilusiones,
porque en el mundo existe tantas cosas con las que se puede llenar el corazón,
de esas ilusiones que puede dar un hermoso día a la orilla del mar, sin importar la soledad,
o correr, caminar, por el campo, o por la ciudad contemplando todas esas bellezas, que aunque no se fijen en mí, puedo llenarme de fantasías,
y quizás mi corazón no se encuentre tan destrozado, como lo siento cuando quiero revivir ese pasado que lleno de esperanzas nunca se cumplieron.

24. CABALGANDO 05-14-09

Cabalgando voy por las nubes y es que en mi trotar,
no he encontrado la posta que me de hospedaje junto con mi caballo,
mientras las tormentas de mi vida se disipan,
ya que al cabalgar me he encontrado ante bellezas que me han hecho trastabillar,
y casi he caído en ese vacío que entre las nubes hay,
ya que es la forma de describir mis sueños de amor y pasión,
ya que en esas caídas solo me ha sostenido el estar sostenido por las riendas que
    mi caballo lleva,
porque así nombro a mi destino,
que ha sido como cabalgar en un caballo, en una carrera sin fin,
y es como cabalgar entre nubes ya que nunca sabemos lo que nos depara el
    camino,
siempre cabalgando y creyendo en todos los amores que se cruzaron por mi
    camino,
algunos que por su belleza, trastornaron todos mis sentidos,
provocando muchas veces momentos de amor tan intensos que quemaron mi
piel y mis pensamientos, dejándome en una sensación de completa entrega,
pero como siempre las riendas de mi caballo me han devuelto a mi realidad,
ya que solo fueron momentos de amor y pasión,
sin más que la diversión,
el amor no encontrado es lo que me hace continuar cabalgando,
ya que en el caballo que monto es mi destino,
y es el que me lleva cabalgando por las nubes,
ya que es la forma de describir mis sueños,
y a lo único que posiblemente me lleve es al fin del camino,
del que para todos es nuestro destino final.

25. ¿DEBIL O QUE?

Un mundo lleno de maldad,
dónde tienes que soportar a esos "Valientes,"
que por las calles andan,
siempre destilando odio, violencia, destrucción,
a cada paso, a cada vuelta tienes que defenderte o te aplastan,
son siempre primero ellos,
sus envidias y rencores te los estampan en tu cara, en tu vida misma,
si eres débil, ellos se dicen entre sí, hay que destruirte,
este mundo es de los fuertes, los audaces,
no hay lugar a la nobleza, a la amistad, a nada que represente bondad,
ya que serás una basura más que hay que destruir,
por dónde quiera encuentras esos valientes que manejando sus vehículos como
      armas,
no les importa a quien ataquen, ellos son primeros,
si demuestras habilidades, conocimientos, profesionalismo,
ah no, hay, que destruirte,
por eso ellos lo tienen todo, poder, dinero, esclavos,
son los dueños de las calles, los empleos, los gobiernos,
solo ellos tienen derecho a vivir,
y aun cuando la tragedia, el dolor, las enfermedades, la miseria los asalta,
es cuando empiezan no a cambiar, sino a renegar,
reniegan del Gobierno, de Dios, de sus Padres, de toda la gente que les rodea,
pero ellos nunca tienen la culpa,
son ellos los dueños del mundo, no conocen, compasión, ternura, amor,
      bondad,
te repiten una y otra vez, eso, es basura,
eso solo es para los miserables, los apocados, los débiles, los que nunca debieron
      nacer,
y ¿Cuál eres TU?

26. ¿ROBOTS? 05-16-09

Se ennegrece para mí la forma de ver la vida,
tanta infamia, tanta miseria, tanta esclavitud,
y la humanidad pregonando siempre que el futuro ha llegado,
que los cambios son reales, que existe ahora más libertad,
pero solo veo que muy pocos detentan esos cambios, esas libertades,
los caminos, los pueblos, los países mismos siguen aumentando su miseria, sus
    miserables,
porque de alguna forma califican a los pobres,
que por sistemas son esclavizados, sin que a nadie le importe cuanto sufran,
sus protestas siempre son aplastadas,
porque las leyes se han hecho para respetarse según los códigos penales,
y si se han establecido sistemas legales que oprimen y esclavizan,
y a la vez masacran a los pueblos oprimidos,
entonces todo lo que se proteste será ilegal y por lo tanto perseguido,
¿Entonces dónde quedará la razón?
Solo unos cuantos disfrutan de lo mejor,
¿No habrá alguna fórmula?
Que les haga entender el sufrimiento de tantos millones de gentes esclavizadas,
ahora por sistemas en que solo se protege el interés de unos cuantos,
nos estaremos alejándole de las palabras de Dios que tanto se predican,
"Amaos los unos a los otros" y solo debe entenderse "Aplasten los unos a los otros"
¿Cuándo podrán escucharse las campanas de una vida mejor para la humanidad?
En donde la Libertad, la verdadera democracia, la sensibilidad hacia el
    sufrimiento humano, el hambre y la pobreza se combata realmente,
y no sea solo para unos cuantos, la libertad y las riquezas,
porque de esa forma solo tendremos un mundo esclavizado en el que todos
    vivamos como Robots bajo sistemas inhumanos.

27. ¿FE? 05-16-09

¿Cómo doblegar tu alma?
¿Cómo sensibilizarte ante los embates que sufrimos diariamente?
Al tener que vivir día a día muchas veces en la soledad, el hambre y el frío,
cuando día a día luchas incansablemente por lograr los medios que te dejen
   vivir,
no sin problemas, pero si con algo que te ayude a soportarlo,
diariamente sueñas con tener tantas cosas, comer, divertirte,
pero lo absurdo de todo, es que nunca logras los suficientes medios para lograr
   tus sueños,
y vivir solo de sueños se acaba por enterrar el alma en la nada,
Oro a Dios por encontrar la llave que aumente mi Fé en él,
que me permita crear fórmulas de vida,
poemas que alienten e inciten a la armonía y el amor,
a buscar medios que permitan realizar tantas ilusiones,
que el mundo y yo estamos hambrientos,
ya que vivir en este mundo requiere de medios y corazas,
que nos permitan llevar una vida dedicada a la superación,
que al encontrar el amor podamos llenarnos de amor,
y nos permita sobrellevar los embates de una vida que se entiende demasiado
   dura,
donde enfermedades, desastres naturales, sequías y tantos obstáculos tenemos
   que enfrentar,
la Fé en Dios parece la llave y solo él tiene la respuesta a mi oración.

28. ¿UNA SINFONÍA? 05-16-09

El escuchar los clarines, violines y las notas del piano en una sinfonía,
donde a mí alrededor vuelan aves, abejas y tantos seres,
que en medio del verde de las plantas, del perfume de las flores como las
    gardenias,
las rosas, y tantas otras que también se han convertido en frutos,
¿Cómo no amar tanta belleza?
Que al acompañamiento de una sinfonía que imita los sonidos y movimientos
    de la naturaleza,
me hacen inspirarme para saborear, oler, tocar cada instante de los que alrededor
    tengo,
las hojas, las flores, las aves se mueven como si entendieran los acordes de la
    sinfonía que a mis oídos llega,
hacen de mi entorno un paraíso que al sentirlo en mi cuerpo y mi mente,
se llena de dicha y valor a cada momento vivido,
por eso me pierdo en medio de la naturaleza o el mar, las montañas,
y tantas maravillas de este mundo que como un paraíso nos da Dios,
se caen las desgracias, los malos momentos, como la lluvia que al caer lava
    todo,
y es en medio de esos entornos cuando podemos apreciarlos,
y más si es en medio de una sinfonía que nos inspire el alma,
que nos haga revivir cada instante de amor, realidades, o sueños que realizados
    hayamos tenido en la vida,
todo lo demás lo absorbe la música y la naturaleza,
y así se engrandece el alma en un poema de vida que es este mundo.

29. ¿UNA IMAGEN? 05-18-09

Cómo deseo poder ver una imagen, una señal,
algo que revele en mí la más cara de las ilusiones que se puede llevar en la vida,
desde que entendí que era vivir,
he buscado en cada rincón,
en cada uno de los lugares que me llenaron de vida,
que llenaron mi alma de tristeza o felicidad,
cada nota de música que inspiro mi vida, mis alientos,
mi amor mismo me ha hecho buscar con todo mi empeño una luz,
algo que me haga descubrir lo que tanto he deseado encontrar,
ver algo o alguien que ya partió de esta vida,
de esta vida tan corta, tan dura, tan difícil,
pero que a la vez ha sido tan emocionante vivirla,
que hoy por más que lo deseo no he encontrado esa señal,
que me hará pensar en prolongar los momentos dichosos que se me permitió
     vivir,
y el solo imaginar vivirlos eternamente,
no hallo la forma de expresar la emoción que me produce el solo imaginar,
que sí, que nuestras almas vivirán eternamente,
que podré conocer la grandiosidad del ser que nos ha creado, si a Dios,
y poder llegar a entender tantas maravillas creadas,
el porqué de las mismas,
el poder recorrer el Universo,
para poder ver cada uno de los mundos que Dios ha creado,
poder entender adonde van los que malamente han vivido aquí,
tantas preguntas a las que tendrían contestación,
es inimaginable el solo pensar en ello que al encontrar una señal,
una imagen de lo que todos llaman fantasmas,
que para mi sería la más grande y maravillosa revelación,
Inimaginable es su descripción si pudiese ver algo fantasmal.

30. AMAR Y LLORAR 05-20-09

Pensar que nada puedes ya escribir,
que tus ideas se han revuelto con tus sentimientos y nada puedes ya idear,
pero cuando al corazón llegan las lágrimas de lo que sientes,
en especial cuando tu corazón llora por todo lo que has amado,
tus días de vida se incrementan y se proyectan en el cielo,
haciendo ver que también se puede llorar por felicidad,
porque has amado cada uno de tus días con toda intensidad,
porque en cada amanecer, tu despertar fue siempre amándola a cada instante
    de tu vida,
pero que al ver reflejado todo el amor que por ella sientes, en los ojos de esas
    bebés que el amor les dio,
también se puede llorar y sentir hasta lo más profundo de tu ser la felicidad o
    el dolor,
cuando puedes amar los días que la vida nos da, amándonos hasta cada
    anochecer,
y ver que juntos, amándonos a cada despertar nuestras vidas se llenan de amor
    y de realidad para enfrentar la vida diariamente,
por lo que pedir perdón por los errores vividos,
también puede ser un acto de amor imperecedero,
que nos haga esperar el final siempre juntos,
con lágrimas y amor a la vez,
pero juntos día a día sin romper nuestros corazones nunca más.

31. ¿DEBILIDAD? 05-22-09

Te golpea tu debilidad, porque nunca cruzaste el umbral de la maldad,
Te encerraste en la dureza que debe dar la honradez y la decencia,
y ahora, te reprochan tu mediocridad, te dicen que no supiste vivir,
que tú eres de los que debió aprender con sangre, y no con sudor,
sí, con el sacrificio de otros, no con el tuyo,
porque esa, es la mejor manera de triunfar, explotando la vida de los demás,
enriqueciéndote a como dé lugar, porque la vida es corta te dicen,
pero ante todo eso, nada tiene más valor para mí, que los valores que se llevan
    en el alma,
no vine a vivir a costa de los demás,
y hoy, sé que la muerte, será cruel por mis enfermedades y debe ser en la
    soledad,
sí, porque al no tener riquezas, mis enfermedades me las cobrarán caro,
y todo porque ellos sí supieron vivir a costa de los demás,
ver como despilfarran sus riquezas, producto de las herencias los que las
    tienen,
pero que estoy seguro, que nunca sabrán como se hicieron esas riquezas,
ya que quien despilfarra, no sabe lo que tiene,
¿Qué es lo que nos diferencia a todos? ¿Acaso la educación, la riqueza, la
    pobreza?
yo de lo único que aprendí, son los valores morales y los buenos principios,
por lo que debo luchar por proteger lo poco que hice en la vida,
y si es posible, se que debo morir en el anonimato para no dañar a los míos,

32. ¿DETENERTE? 05-22-09

No te detengas que en la vida nada se detiene,
tus sentimientos tienen que crecer,
tus pensamientos tienen que llenarse de luz, amor, de tristeza, felicidad,
de tanto que la vida nos da,
desborda tu ser en palabras,
palabras que hagan sentir a los demás tu sentir, al vivir, al amar,
llevarlos por esos senderos que te conducen a la meditación,
al pensamiento profundo que nos hace saber qué somos,
y porque no podemos detener nada,
por lo efímero de la vida tenemos que engrandecerla con amor,
luchar por enseñar que teníamos un gran corazón,
un corazón que nunca dejamos que se destrozara,
ayúdame a mostrar porque nos engrandecimos el uno al otro,
al fortalecernos apoyando nuestras vidas en el amor profundo que nació entre
    los dos,
que poco a poco, sin detener nada, pudimos vivir en nuestro mundo,
llenándolo de enormes conceptos que nos ayudaron a aceptarnos como somos,
que sin descanso nos llenamos de experiencias,
que dieron valor a nuestros esfuerzos basados en el amor,
y en la lucha constante por no detener en nada nuestras vidas juntos.

33. MELODIAS   05-22-09

Cómo duele el alma cuando difieres en sentimientos,
cuando escuchas melodías que impactan en tus sentimientos,
la mayoría llevándote a las lágrimas,
pero la indiferencia y la burla de quienes solo les produce una nada,
porque su sensibilidad es como las rocas,
te critican y te relegan de su espacio,
porque para ellos esa música es para locos,
pero para tí como para quien sabe lo que es Dios,
el escuchar esas melodías, que parecen voces del cielo,
es cuando puedes sentir y disfrutar,
componer versos, reflexiones, poemas y hasta canciones de amor,
porque el alma se abre en todo su esplendor, recibiendo la grandiosidad de esa
    música,
que alguien bajó del cielo y nos halaga haciéndonos escucharla,
haciéndonos sentir que estamos en el cielo,
soñar con el amor,
con Angeles que del cielo bajan a cantarte,
y así elevarte al paraíso donde solo lo celestial existe,
donde tu imaginación se llena de fantasías,
de paisajes, de historias que descubren ante tí lo maravilloso que fue vivir,
que te hacen desaparecer del mundo material,
por eso digo, dejen tocar y cantar esas melodías, que solo en el paraíso se
    escuchan.

34. ¿TORMENTAS? 05-24-09

Se estremece mi ser como en una tormenta al tratar de descifrar tus sentimientos,
que tal parece se asemejan a grandes tormentas,
ya que el sonido de tu voz predice grandes amarguras y reproches,
pareciera que es más el odio que otra clase de sentimientos los que sientes por
    mí,
suenan en mis oídos tus palabras, como cargadas de grandes dolores y pesares,
que me siento como si fuera yo el que ha producido en tí toda esa amargura
    que hay en tí,
tus lágrimas sin parar denotan toda la desesperación y tristeza que existe en tí,
nada te alegra o te calma,
todo en tí parece que quisieras huir de mí,
correr lejos a donde no esté yo a tu lado,
se ve en tí tanta desesperación y dolor,
que no logro despejar las dudas sobre tí,
son tan grandes que no logro descubrir lo que hay en tu corazón,
y toda esa confusión que hay en tu voz,
me llena el corazón de angustia y temor al no saber qué es lo que existe en tí,
saber cuáles son tus sentimientos de amor o pasión,
nada incita en tí tu pasión,
todo es tan oscuro que no se ve realidad alguna en tí,
en esa en la que se pueda enamorar tu alma,
habla descubre tus sentimientos,
que así podrá despejarse esa tormenta que le haces sentir a uno que hay en tí,
despeja tu alma, y deja entrar a tu corazón la luz del amor,
que hará despejar de tí toda amargura y encontrar la dicha de amar intensamente,
y libre de angustias y dolores, deja que en tu vida todo se convierta en amor.

35. UN NUMERO MAS   05-24-09

Pensar que eres nada,
que nadie se fija en tí,
que el mundo te ignora,
porque aparte de ser solo una figura entre millones,
no vales nada,
y eres tan solo un número más en estadísticas,
¿Qué tienes muchas ideas?
A quien le importa, si solo eres un número,
¿Qué puedes evolucionar al mundo?
A quien le puede importar lo que piensa un número,
¿Qué puedes cambiar el ciclo de tormentas?
para cambiar sequías por lluvias,
a quien le importa si solo eres nadie,
¿Que podrías cambiar y salvar a mucha gente de sufrir accidentes?
A quien le importan las ideas de alguien que es tan solo "nada"
pero que si tuvieses riquezas,
entonces te escucharían y nada de lo que piensas se desperdiciaría,
pero las riquezas traen consigo apatía, flojera e inutilidad,
¿Para qué pensar si se tiene todo?
¿Cómo encontrar entonces el camino?
Para que con ideas nuevas se pueda revolucionar el mundo,
donde con mejores ideas se pueda vivir mejor,
solo el mundo tiene las respuestas,
ya que entre más se ignore y se le niegue ayuda a la gente que puede aportar
    grandes descubrimientos a la humanidad, las tragedias continuarán,
¿Pero cómo encontrarla?
Solo puede haber una,
gritar, insistir con las ideas,
hacerles ver que no contamos únicamente para que con nuestro voto individual,
podamos elegir a quien nos "IGNORA"

36. MUERTOS EN VIDA   05-24-09

¿Cómo llamarle a la muerte en vida?
¿Cómo cerrar tu mente cuando se vive como en un cementerio?
ya que en medio de un mundo corrupto, cruel, donde la impunidad prevalece,
donde la maldad predomina en cada rincón,
donde nadie puede hablar de tener las manos limpias,
donde solo se busca el enriquecimiento fácil, sin importar a quien se destruya
    o a cuantos,
es entonces que podemos hablar de vivir muertos en vida,
ya que solo muerte, crímenes, robos, drogas, podredumbre, maldad podemos
    encontrar,
y mucho de ello se disfraza con palabras falsas como,
Políticos, policías, empresarios, líderes,
quien será el que no esté escondido en falsas mascaras,
¿Quién podrá ponerle fin a la muerte en vida?
¿Quién podrá resucitar la Fé, la Verdad, la honradez, la lealtad, el bien vivir?
No se puede vivir muertos en vida,
cuando se ha destruido todo precepto de vida justa,
y se quiere vivir en el desorden, la corrupción, la maldad el crimen,
esos son solo preceptos de quienes viven muertos en vida.

37. \ AMOR INALCANZABLE 05-25-09

Nada contribuye en mí ya,

el no saber que me depara el futuro es algo que ha hecho perderse mis sentimientos en la nada,

el tiempo está acabándose para mí, mis esfuerzos para conquistar tu amor han fracasado,

fuiste la gran ilusión de mi vivir, el pensar en tu amor no tuvo fin, noche y día viviste en mi corazón,

amarte en silencio fue todo en mí,

el pensar que tu amor se volcara hacia mí, hizo de mi pensar siempre en que el futuro me traería esa gran esperanza,

ver realizado el amor que sentía por tí,

tus ojos, tus labios, tu rostro alimentó siempre mis esperanzas de poder vivir amándonos día y noche,

pero ahora soy yo el que se ha convencido que siempre fuiste como una estrella inalcanzable,

mira que siempre soñé con los lugares en donde nuestra pasión nos dejara amarnos intensamente,

tu rostro fue siempre claro en mis sueños, viví amándote siempre con todas mis fuerzas,

pero tú nunca llegaste a mí,

y hoy todo se ve tan claro, que sé que ya no hay futuro para este sueño de amor,

ya no podré verte más en mis sueños, todo deberá olvidarse y vivir en la soledad,

a la que tu alma condenó a mi vida,

tenias que ser tú quien me hiciera ver lo tonto que fui al enamorarme de tí,

que fuiste como una estrella en el firmamento, inalcanzable,

pudimos ser tan felices, pero el amor no te lo supe expresar para conquistarte y bajarte de ese cielo inalcanzable,

pero aún así reinarás en mi corazón y mis sueños por siempre.

38. INCREÍBLE AMOR   05-22-09

En mi vida tenias que ser tú quien abriera mi corazón,
y lo llenara de amor y deseo,
tú que con tu maravillosa forma de amar intensificaste mis sueños,
vivir cada día pensando en tu ardiente amor,
solamente tú, tenias que ser tú quien me hiciera que nada ni nadie existiera
    para mí,
arrebataste mi vida de la mediocridad y me hiciste que la llenara de aventuras,
todo un espectáculo de amor y pasión se convirtió nuestras vidas,
como describir tanta dulzura con la que me entregaste toda tu vida,
cada día era un nuevo amanecer, y un nuevo día diferente a tu lado lleno de
    dicha,
en cada día era una nueva aventura el vivir cada momento a tu lado,
convertiste cada momento en algo diferente que nos hizo vivir la vida tan
    distinta,
nada comparaba el vivir a tu lado, se impregnó de todo,
supiste darle valor a cada instante, tu risa, tus pláticas siempre interesantes y
    cambiantes,
lograste convertir el aburrimiento en algo excitante,
como compararte, si tu parecieras lo más perfecto de este mundo,
nada te irritaba, lo convertías en maravilloso debate cualquier problema,
fuiste el mejor pensamiento de amor hecho realidad,
yo no sé cómo, pero el haberme cruzado por tu mirada, la vida no ha tenido
    fin,
nunca sabré como expresarte mi agradecimiento ante tanto amor,
y hoy que el fruto de ese gran amor se convirtió en seres tan maravillosas como
    tú,
que a la vez han multiplicado sus vidas en otros Ángeles más que han venido
    del cielo,
que con tú gran labor convirtió tu vida en un verdadero ejemplo de amor y
    sacrificio,
y hoy solo puedo decir que a través de tanta felicidad, no supe cuando llegamos
    a este final tan maravilloso, que aunque la muerte venga, sé que a tu lado
    no lo sentiré,
porque tú fuiste el mayor ángel que del cielo vino a deslumbrar mi vida y
    llenarla de amor,

39. A MI HIJA   05-26-09

La tensión, el dolor, la angustia que veo en tí,
hace que se me parta el corazón y me llene de lágrimas ante esta impotencia,
ya que el no poder aliviar por lo que estás pasando,
ver tus ojitos llenos de lágrimas, por esa tensión y dolor que poco a poco se va
    agravando en tí,
pero la gloria de ver ese ser que vas a traer, lo vale todo quizás,
conocerla ver su pequeña figura, su carita hermosa, oír su llanto,
por eso esta angustia que siento por verte y pensar por todo lo que estás
    pasando,
no sabes como anhelo ver otra vez tu carita sonriendo,
admirarte en tu alegría que siempre expresas,
oír nuevamente el sonido de tu voz alegre,
que nos llenes ahora con tu alegría y el llanto y risas de ese nuevo ser que estas
    trayendo a la vida,
créeme no hay forma de expresar toda la confusión de estos momentos,
la angustia y dolor que expresas,
la ansiedad por conocer esa pequeña que en tu vientre ha crecido,
todo es tan confuso en estos momentos que no se que expresar,
solo invoco a Dios porque todo, todo salga bien,
ya que llorar o reír nada conforta más que el rezar.

40. PEQUEÑOS 05-30-09

Como duele verte tan pequeña, tan indefensa,
y sufriendo tanto,
nunca el dolor que siento al verte, me había producido romper en llanto como
    hoy,
el alma se me rompe en pedazos,
¿Cómo resarcirte de ese sufrimiento?
¿Cómo darte la alegría que en tu sonrisa había?
A Dios le ruego que vuelvas a sonreír,
danos otra vez y para siempre la felicidad de tenerte,
dame a mí la dicha de volverte a dormir en mis brazos,
déjame lanzar al espacio esta angustia que me está haciendo romper en llanto,
ya que mi corazón ruega por oírte sonreír otra vez.
porque verte en esa cuna, atada a esos aparatos que parece controlar tu vida,
desgarra el alma verte así, en especial junto a tantos bebés que también luchan
    por sus vidas,
esos bebés que fueron esperados con tanto amor y que después del sufrimiento
    al recibirlos hoy están como tú, atados a un sistema para darles vida,
y se me rompe el alma de solo verlos y verte a tí también sufriendo,
como despejar las sombras que se ve en esas tristezas,
Madres que no logran entender como la vida se ha ensañado con ellas en el
    sufrimiento de sus pequeños.
Por eso veo que solo podemos rezar a gritos por que nos ayude Dios a recuperar
    sus vidas.

41. SEGUNDOS 05-30-09

El tiempo siempre vuela,
pero verte en ese dolor,
los segundos se hacen años,
nada parece mover el tiempo ante la angustia y el dolor,
ese dolor que lo hace a uno romper en llanto,
y cuando esperabas tanta felicidad,
que hoy esa ausencia tuya nos rompe el corazón,
las lágrimas empañan mi vista,
y no sabes cuánto deseo que sean las horas de angustia las que se paren,
el volver a oírte y tenerte en los brazos,
a Dios le pido te nos devuelva con tu alegría,
créeme los segundos le pesan a uno como toneladas.

42. OH PEQUEÑA 05-30-09

Sé que no es este el momento de llorar,
que es el momento de orar, lo sé,
pero como romper esta desesperación que me produce tu dolor,
sé y espero que realmente sea breve,
pero mientras, solo la oración y el llanto ante la impotencia, es el camino,
la espera sé que será muy larga,
pero en esta desesperación, siento que el tiempo parece que se ha detenido,
haciéndote llorar más,
tu sufrimiento nos está quebrando el alma de dolor,
Dios mío oro a tí por su bienestar,
es apenas un Angelito y ya está sufriendo mucho,
y a la vez me pregunto ¿porqué ella?
si habemos tantos a quienes deberían de castigarnos,
si cada día le hacemos tanto daño a los demás,
¿Qué no es posible recibir uno el castigo merecido, en lugar de alguien tan
    pequeña?
Que el tiempo se detenga en nuestro sufrir, pero no en ella,
Por eso le pido a Dios libérala de su sufrimiento y dámelo a mí, que yo lo
    merezco más que ella,
dale la oportunidad de empezar su nueva vida sin sufrimiento o dolor,
es tan pequeña e indefensa que por eso oro a tí Dios mío por su salud.

43. MI NIETA   05-30-09

Fuiste tú la que por meses, por días esperamos tu llegada,
la noche de tu llegada, se nos hizo tan larga,
que cuando llegaste todo nuestro sufrimiento se esfumó,
la alegría que nos causaste fue enorme,
corrimos a verte, el conocerte nos llenó de dicha,
tanto te habíamos esperado que era imperante verte,
y por días tu alegría, tu carita hermosa nos llenó de felicidad,
y hoy por algo tan inesperado, nos separa de tí,
pero lo más doloroso es ver que en tí hay dolor, angustia y sufrimiento,
cuando apenas acabas de llegar,
por eso nuestro dolor y llanto,
decimos que tienes que ser tú, la que vuelva a nosotros,
sin dolor, sin llanto, sin el corazón roto,
porque nadie nos podrá llenar este amor que nos has dado,
tienes que ser tú quien vuelva a darnos la luz de cada día nuevamente,
que en estos segundos todo es oscuridad ante tu sufrimiento,
tienes que ser tú quien vuelva a nuestras vidas,
Si, tienes que ser tú quien llena de vida venga a confirmar esa belleza de vida,
que solo a tu lado comenzamos a sentir,
vuelve que todas las orquestas del mundo tocarán melodías,
melodías que nos harán sentir lo feliz que podemos ser con alguien tan especial
   como tú.

44. ¿MARAVILLOSA? 06-04-09

¿Que la vida puede ser maravillosa?
aunque me lo repita diariamente,
la vida se encarga de decirme que no lo es,
que aunque veas el cielo azul,
entre nosotros las tormentas nos azotan a cada instante,
especialmente cuando nosotros mismos nos negamos el derecho de hacernos
    la vida maravillosa,
todo lo convertimos en tragedias, dolor y miserias,
que a la vez nos niega que la vida pueda ser maravillosa,
la lucha constante por salir de la ignominia nos acaba la vida,
en sueños que muchas veces se hacen irrealizables,
habiendo tantas maravillas en el mundo,
nosotros mismos nos hacemos la vida tan difícil con nuestro egoísmo,
queremos hacernos la vida maravillosa pero a costa de los demás,
lo que lo convierte en un círculo,
en el que en la lucha, nadie logra hacer de esta vida una maravilla,
si algo pudiese regresar a nosotros la concordia, la armonía, el amor entre
    nosotros,
quizás la vida retornaría en una maravilla el vivirla.

45. ¿PACIENCIA? 06-04-09

Como realizar tantos sueños,
sueños donde se finca la esperanza de alcanzar tantas metas,
muchas que nacen de la miseria, del hambre, o de tanto luchar por superarse,
pero lo que duele infinitamente y te va acabando la vida,
es tener que depositar todos tus esfuerzos en la dependencia de otras mentes,
que muchas veces están llenas de sus propias actividades,
y el tiempo vuela y con él se manifiestan cada vez más los problemas, las frustraciones,
la vida se te va acabando y decide uno tratar de realizarlos,
por lo que al tratar de realizar uno sus propios sueños, causa tantas dificultades,
que te devuelve a depender de otros,
pero de lo único que al depender de otros te puede ayudar a solucionar todos tus sueños,
es depender de lo más mágico,
de lo único que te sacará de todos tus problemas,
LA PACIENCIA,
Con la única esperanza de no morir en la espera.

46. RECUERDOS Y REPROCHES 06-05-09

Como piedras que caen y te golpean son los recuerdos,
recuerdos del pasado de cuando luchaba uno por incrementar,
el amor, donde solo había desamor,
donde cada día era vencer esa frialdad,
pero que en esa lucha había que cumplir con los deberes,
y esos momentos se rodearon de tantos viajes, aventuras,
donde contemplar aquellas bellezas naturales al viajar por tierra,
eran aquellos atardeceres en medio de las montanas, valles,
contemplar los colores de la vegetación, de las nubes, de los animales, del sol,
de tantas maravillas que puede uno contemplar al viajar por tierra o volando,
pasear por aquellos pueblos donde uno contempla la vida de los demás,
ver aquellos caminos bordeados por enormes árboles,
o aquellos desiertos, mares o ríos,
pero hoy sé que no estuve donde debía estar,
por estar en aquella lucha por los que había traído al mundo,
y que no daba tregua,
era de día y de noche el luchar por dar lo mejor,
y hoy todos esos recuerdos se suman y me golpean el alma,
golpean como piedras ya que son los reproches por lo que nunca estuve donde
    debía,
saber que ya no es posible remediar lo que dañé por no estar ahí,
y hoy solo puedo vivir de recuerdos, y reproches.

47. ¿DÓNDE ESTAR? 06-05-09

Vivir dónde las ideas y costumbres difieren con las ya vividas en otros lados,
es como estar dentro de una tormenta,
la fuerza de sus vientos te arrastran, tu cuerpo empapado no alcanza el
    confort,
y los rayos y truenos no te dejan pensar, todo te atemoriza,
y es así como se siente uno al vivir donde no se congenia con la forma de vivir,
como salir de esa tormenta, que es continua y no tiene descanso,
porque al tratar de sobrevivir te obliga a permanecer en medio de esa
    tormenta,
y que vienen siendo las ideas que no entiendes,
y lo único que parece aislarte y protegerte de esa tormenta es el escudarte,
que como un impermeable te proteges en la lluvia,
así te impongas a vivir como en una concha,
donde encierres tus pensamientos y vivas como cuando atraviesas una
    tormenta,
impermeabilizado a ella,
encerrándote en ella con música,
con lo que pueda ayudarte a no pensar en lo tuyo,
y así llenarla de sueños por regresar a lo tuyo,
que posiblemente en tu vida misma nunca tenga lugar tu regreso,
por miles de tormentas que probablemente tendrías que soportar,
y que posiblemente acabarían por destruirte.

48. JUNTOS 06-06-09

Como un torrente de agua que baja por una cascada,
es así como llegan a mi mente tu imagen, tus palabras, tus reproches,
todo lo que entre tú y yo existió y que nos dio tanto,
y que en esos momentos la vida nos llenó de amor y pasión,
experimentando las más grandes emociones,
dejándonos vivir lo más grandioso de nuestra unión,
vivir a tu lado cada momento era toda una sinfonía de vida,
la lucha por incrementar nuestros valores, el amor, las riquezas,
todo se volvió a tu lado un luchar,
luchar con emoción y satisfacción que hizo de cada día de nuestras vidas una
     aventura,
aventura que vivíamos juntos,
que nos llenó de alegrías, pero también de realidades,
realidades que al vivir en este mundo, ambos sufrimos, lloramos y reímos cada
     día,
por eso fue que cada día que juntos vivimos, el amor entre tú y yo se consolidó,
tanto que hoy siento que juntos habremos de partir de esta vida,
para continuar viviendo cada instante que en la eternidad podamos vivir juntos,
llenando nuestras almas de tanto conocimiento, que en el paraíso podamos
     aprender,
pero juntos como en esta vida hemos estado.

49. MEDITAR PARA
INSPIRAR 06-07-09

Medito para inspirar mis sentimientos,
reviviendo los recuerdos de mi juventud,
regreso, vuelvo a caminar por aquellas calles, que me inspiraban tantos sueños,
retorno a aquellas noches o tardes que caminando por los bosques buscaba mi
    destino,
cuando paraba en mi soledad y sin temores me sentaba a contemplar los rayos
    de luz de la luna que extendía por entre los árboles,
recordar aquellos tenues sonidos que la naturaleza producía,
o aquel río que a lo lejos corría a llenar aquel lago, que con sus reflejos de la luz
    de la luna, parecía de plata,
como no recordar esas pequeñas luces que producían las luciérnagas en la
    noche,
recordar que caminando por kilómetros a través de aquellos valles o montañas
    nada me atemorizaba,
todo era tan espectacular y maravilloso,
que hoy comparo el caminar por todos los años en que viví entre la gente,
con los deberes, las enfermedades, guerras, miserias y tantas tragedias que la
    gente tiene y da,
que hoy al pensar en todo ello, hoy sí siento pánico de cada paso que doy,
ya que entre tanta podredumbre que el ser humano ha creado con su egoísmo,
con sus absurdos poderes de grandeza,
todo lo convierte en una selva infame,
donde a cada paso que das puedes caer en desgracia y sufrimiento,
por lo que siento que al meditar, me inspirará a regresar a aquellas montañas
    donde la soledad y la naturaleza llenan el alma de paz, calma y de una feliz
    tranquilidad,
dónde con los sonidos de una sinfonía sus instrumentos acompañen ahora mi
    caminar,
y soñar con ese paraíso que parece solo encontrarse en la muerte.

50. ¿OBRAS, TRABAJAS? 06-09-09

Por más que pienso no logro encontrar algo que convenza mis sentimientos,
me siento tan arruinado, la miseria y las enfermedades agobian,
sentado y observando los caminos por donde pudiese llegar algún alivio espero,
pero solamente la inquietud y la desesperación son las que llegan a mí,
veo que la gente siempre espera que uno se conforme con lo que tiene,
pero ¿Cómo puedes conformarte cuando sabes que puedes hacer tanto?
Pero como nadie cree en tí ni en tus ideas, la vida te va encerrando en un círculo,
circulo que solo te llena de más problemas,
ya que ante la incapacidad de poder laborar,
todo te encierra en tus mismos problemas,
y día a día despierto con la esperanza de ver alguno de mis sueños realizarse,
sin que se desperdicie ningún momento de vida para lograrlo,
pero en el mundo que vivimos que es de sistemas, para todo se tiene que esperar,
pero alguien no espera, y día a día te va consumiendo y es nada más que la muerte,
por lo que siempre me he negado a aceptar,
el que las cosas y los reconocimientos siempre llegan después de la muerte,
quisiera legar alguna forma que le haga ver a la gente de este mundo,
que es una sola vida la que tenemos, y es en ésta cuando podemos lograr tanto,
pensar en tantos niños que mueren tan pequeños y que mucho pudieron darnos,
pero se les negó su oportunidad de vivir, y muchas veces por la negligencia de
    la gente,
o por su desmesurada ambición, algo Dios mío debemos hacer porque todos en
    esta vida demos lo mejor de nosotros y se reconozca en vida esas obras.

51. ¿VIEJOS DEL PASADO? 06-09-09

Me dices que lo sabes todo,
Entonces ¿Cómo ignorar el pasado?
Cuando se desconocen los valores del mismo,
las nuevas ideas, los nuevos adelantos, las nuevas ideologías, las nuevas religiones,
todo se suma en que el hoy, debe borrar y descontinuar el pasado,
¿Pero sobre que se fincó lo nuevo?
¿Quiénes le dieron el valor que hoy valen?
En quienes hoy son símbolo del pasado,
y que en algunos casos viven en su vejez en el retiro de sus ideas,
y se les juzga de viejos ignorantes que no saben lo que hoy se tiene,
pero ellos y los que los antecedieron fueron la base de lo que hoy somos,
¿Cómo nos podemos atrever a prejuzgar a quienes empezaron lo que hoy
   somos?
A los del pasado debemos darles el valor y el lugar que se merecen,
porque a ellos les debemos lo que hoy somos,
fueron y serán los cimientos de tanta grandeza,
y que al reconocer su grandeza estaremos continuando su carrera hacia el
   futuro,
pero siempre dándole el valor que se merecen a quienes nos precedieron en el
   pasado,
porque al sumar el pasado con el futuro,
el presente es de quienes saben darle el valor a esa suma.

52. ¿ESCUCHAS? 06-09-09

Escucha tu corazón que aún está lleno de vida,
ve como palpita cuando logras tus sueños,
la emoción es tan grande que al escuchar tu corazón,
verás que la energía que está en tí, esta plena,
llena tu mente con nuevas ideas y sueña con realizarlas,
tu corazón te lo exige, tú eres invencible,
no desmayes sigue luchando que cuando tu corazón se detenga,
y no te deje ya escucharle,
entonces quizás si podrás parar de soñar,
y pensar que tus sueños se realicen,
escucha a tu corazón que cada día espera una nueva emoción que lo haga
    palpitar aceleradamente porque se ha realizado otro sueño más,
estás en el medio de tu vida y no en medio de la noche,
piensa, idea, sueña sí, pero en realizar lo que estás pensando,
sin desmayar y escuchando primero a tu corazón,
corazón que siempre estará esperándote para sentirse emocionado.

53. MI ORACION 06-09-09

Señor hoy voy a caminar con la Fe en tí,
hoy Señor voy a estudiar, trabajar, ayudar, predicar,
siempre con los valores que tú has inspirado en mi,
hoy voy a demostrar que se puede vivir con valores morales,
que se puede vivir con los principios de honradez, de caridad, de humildad,
y si de presumir se trate,
presumiré de seguir mi vida con la Fé en tí.

54. INDESCIFRABLE   06-10-09

¿Cómo abrir tu mente?
¿Cómo conocerte por dentro de tí?
¿Cómo descubrir tus deseos?
¿Cómo saber cuánto puedes amar?
¿Cómo entrar en tu ser?
¿Cómo poder comprenderte?
Si has cerrado todo camino,
Tú que encierras un ser de tanta belleza,
tan sensual, tan inteligente, tan sensible y con tanta belleza,
con esos ojos que en su mirar guardan tanto misticismo,
¿Cómo hacerte sentir lo que provocas en mí cuando te tengo tan cerca?
¿Cómo saborear tus lágrimas?
¿Cómo entender tanta grandiosidad que encierras como mujer?
Tu sonrisa congela mis pensamientos,
Y solo mi mente se vuelca en escucharte,
¿Cómo hablarte sin herirte?
Oh Dios ¿Dónde podré encontrar el camino que me conduzca a mostrarme
    ante sus ojos?
Y se enamore de mí como yo me he enamorado de alguien que lo especial no
    alcanza a llenar la descripción de lo maravillosa que es para mí,
mi vista solo se enfoca en sus ojos, en su movimiento,
por lo que le imploro como nunca lo hice por nadie,
abre tus caminos y déjame descubrir todo lo que tú encierras y enamórate de
    mí como yo lo estoy de tí,
que al conjugar nuestros seres el amor volcara en nosotros la dicha de un amor
    inmenso,
en el que la vida no tiene ni principio ni fin.

55. ENSUEÑO DE MUJER   06-II-09

¿Cómo podré conquistarte?
Tú que eres mi sueño de mujer,
tu perfección domina todo alcance,
tu rostro parece esculpido por Dios,
tus ojos demuestran tanta belleza y su color provoca un mirar profundo,
las líneas de tu rostro lo hacen tan perfecto,
que al ver tus labios me incita el besarlos con toda pasión,
tu figura tan esbelta, tan bien formada hace de tu caminar una sinfonía,
verte a la vez es sufrir y gozar,
ya que al verte a lo lejos indica que puedes ser un sueño inalcanzable,
y gozar es sentirte en mis brazos,
poder atraparte con mis manos para hacer realidad mis sueños de amor por tí,
pero ¿con qué palabras, flores, música podré atraerte hacia mí?
Si tú eres todo un poema hecho mujer,
y no existen palabras para describirme a mí que soy como un fantasma,
cuando en tí hay toda una enciclopedia para describir tanta belleza,
alcanzar la gloria de tu amor es todo lo que en esta vida podré tener,
soñar en hacer realidad tantas fantasías que a tu lado se pueden tener,
vivir toda una vida de amor y ensoñación será lo único que alimentará mi
    alma.

56. PALABRAS 06-11-09

¿Qué tanto valor pueden tener las palabras?
Para enamorar,
para herir,
para criticar,
para decir verdades,
para mentir,
tanto para lo que nosotros podemos usar las palabras,
¿Pero cuando pensamos en componer en qué nos basamos?
En el amor,
en la vida,
en el dolor,
en la miseria,
en la frustración,
en la música,
en la política,
son tantos los caminos por los que uno puede utilizar las palabras,
¿Entonces quién podrá darle el valor a las palabras que yo escriba?
Solo espero que los que me han de leer, no actúen como el Sacerdote, como
    Juez o como Profesor,
sino que traten de entenderme que solo escribí lo que sentía, lo que imaginaba,
    lo que soñaba, lo que disfrutaba o lo que sufría o bien lo que me hirió,
solo traté de expresar lo que sentía y que pensaba tratando de agradar con mis
    pensamientos y obras.

57. YO Y MIS IDEAS   06-14-09

Me doblega la emoción ante lo desconocido,
saber que se pueden realizar los sueños,
que puedes tocar el techo del mundo con tus ideas,
que un tipo como yo puede tocar a las puertas donde el mundo escucha,
porque uno puede impactar con sus ideas,
que muchas veces guardamos en nuestra mente por temor al ridículo,
pero cuando ves que es posible hacerte escuchar,
es entonces que me doblega la emoción,
y la incertidumbre de que sean escuchados y entendidos mis pensamientos,
ya que siempre dudé de tener la capacidad de impactar con mis ideas y
    pensamientos,
siempre compuse en mi mente, pero ese temor del ridículo se quedaban en
    mí,
pero hoy todo se ve claro, es ahora el momento de escribir y tratar de no perder
    más el tiempo,
existen palabras que ilusionan, duelen, impactan, enamoran, el saber utilizarlas
    para impactar a la gente es lo que muchas veces me hizo dudar de escribir,
pero hoy al despertar a la realidad, veo que es hoy el momento de hacer los
    sueños una realidad,
despierto estoy y ya dejé de ser un tonto, y hoy voy a utilizar más mi mente para
    dar a conocer lo que la vida ha sido para mí,
decir que sí es posible triunfar que debemos hacerlo lo más rápido posible en
    nuestras vidas,
no debemos esperar, todo es posible cuando nos lo proponemos a luchar que
    hoy es el momento y nunca mañana.

58. 14 DE JUNIO DE 1998   06-14-09

Un aniversario más de tu partida,
dejaste en nosotros un enorme vacío,
irremplazable diría yo,
nos diste mucho en tu camino en el que juntos caminamos,
y hoy la noche en la que nos has dejado nos llena de tristeza y a la vez de tanta satisfacciones que con tus enseñanzas nos dejaste,
como regresar a tener junto a tí esos momentos tan sensibles en los que nos dabas tanta alegría,
ver esos esfuerzos por lograr lo mejor para todos con tu esfuerzo y trabajo,
juntaste tantos momentos en los que tu presencia nos dejó tanto que hoy lo damos a los demás como tú lo hiciste,
porque eso fue lo que nos enseñaste,
y hoy ese aprendizaje nos ha hecho ser mejores,
nos dejaste tanta riqueza en tu amor, tu cuidado, tanto que nos diste que hoy difícil es describirlo,
pero en esta tristeza en que nos encontramos oramos por seguir teniéndote cerca de nuestros corazones y nuestras vidas,
porque no hay oscuridad para nosotros cuando te recordamos,
fuiste ejemplar, dejaste tantas huellas en nosotros que todo lo ilumina tu recuerdo,
recuerdo que nos hace sentirte que aun vives con nosotros a pesar de que sabemos que eres un ángel más en la gloria de Dios, de la que siempre nos inculcaste,
vives y seguirás viviendo en nuestros corazones Madre MIA.

59. ¿AMOR O DINERO? 06-15-09

Como tocar las fibras de tu sensibilidad,
si tú pareces de hierro,
como si en tu corazón no palpitara nada,
al desear ver en tu rostro una sonrisa que dé a entender el calor de tu ser,
pero solo la rigidez adorna tu rostro,
podría pasarme la vida entera arreglando palabras de amor para sensibilizarte,
pero tú congelas cualquier pensamiento con la frialdad de tu voz,
donde encontrar una llave que abra tu mente, tu alma,
que parece que la has cerrado para siempre,
y que no deseas entregar nada al mundo,
es tanta tu amargura que tal parece que lo mejor es huir de tí
pues ni con melodías, ni con poemas de amor,
pero quizás la única llave que te haga abrirte,
serán las riquezas materiales y no el amor,
por lo que sé que debo mandar muy lejos,
lejos sí, mis sentimientos por tí,
porque en mí solo has de encontrar la única riqueza que hay en mí,
yo y mi fuerza para vivir y luchar,
pues yo me aferro a la vida por amor y no por dinero.
y lo único que sé dar es amor,
y aunque te amé tanto, olvidarte quizás será la mejor llave.

60. TE GRADUASTE   06-16-09

Podrías preguntarte,
¿Si nosotros también?
Porque si recuerdas cada día que estuviste en la Escuela,
¿Quién te cuido?
¿Quién revisaba si estudiabas?
¿Quién revisaba si habías hecho tu tarea?
¿Quién cuidaba de tu ropa?
¿Quién te cuidó cuando te enfermabas?
¿Quién te llevaba a la Escuela?
¿Quién hablaba con tus maestros sobre tus estudios?
¿Quién firmaba tus calificaciones?
¿Quién hablaba contigo cuando tenías problemas?
¿Quién a pesar de tener que trabajar no te descuido ni un momento?
Entonces si reconoces que nosotros tus Padres y Abuelos fuimos quienes
estuvieron contigo
Entonces nos hemos graduado.

61. EL RELOJ 06-17-09

El perderte ha sido uno de los momentos más desgarradores de mi vida,
el ver que no encuentro paz,
que con nada puedo reemplazarte,
tú que me diste lo mejor del amor y la pasión,
tú que supiste combinar el deseo, la pasión y el amor como el mejor cóctel,
que se puede beber cada noche,
despertar en tus brazos fue el acto más motivante para empezar cada día,
fuiste como el café de la mañana que tranquilizabas mis sentidos,
el solo oír tu voz motivaba todo para realizar cualquier esfuerzo,
llenaste de dicha y amor todos mis espacios,
fuiste la imagen que llenaba mis pensamientos cada día,
y ahora que algo te arranco de mi vida después de tantos años a tu lado,
nada me conforta,
ya que mientras viviste conmigo los relojes para mí se detuvieron,
e hizo de mi tiempo se detuviera,
y aunque abro mi mente y mi corazón para entender que pasó, ¿Porqué
    partiste?
fue tanto lo que vivimos juntos que no me dejaste dar cuenta y pasaron más de
    50 años,
por lo que hoy veo que me dormiste en tus brazos haciéndome tan feliz a tu
    lado,
que hoy quiero correr a buscarte a donde quiera que hayas ido,
ya que hoy sé que quien te arrancó de mí fue la muerte,
y ahora es a ella a quien le pido que me reúna nuevamente con tu amor.

62. MONTAÑA RUSA   06-17-09

Me llevaste como en una montaña rusa,
me subías y me bajabas en tus sentimientos,
fue tan difícil entenderte,
hoy me amabas mañana me odiabas,
cómo comprender tu amor que decías profesarme,
si hoy te entregabas y mañana te asqueaba,
hoy era yo el centro de tus pláticas pero mañana me ignorabas,
¿Sería amor o masoquismo?
Donde podré encontrar las armas para entenderte,
pues en este subir y bajar de tus sentimientos,
mi alma y mi ser se han mareado,
y nadie logra convencerme de que en tí hay amor por mí,
pero como en la montaña rusa el subir y bajar produce en mi el mismo efecto,
y la emoción y el miedo se conjugan al igual,
por lo que en esta combinación de placer y ¿rencor u odio?
enerva mis sentidos,
que a la vez me fascina este juego tuyo.

63. ¿TIEMPOS? 06-17-09

Temor, pánico, miedo al tiempo,
ante la incertidumbre de ver como la gente responde,
porque ellos tienen sus sistema y procesos,
y por supuesto todo el tiempo,
mientras que a mí los problemas y las enfermedades no me dan tiempo,
todo parece acabarse para mí,
desafortunadamente la sombra del cáncer oscurece mi futuro,
quisiera que la fortuna iluminara mi vida,
pero nunca fue así, todo lo que tuve costó bastante,
desgastó mi vida, mis pensamientos, mis sueños,
y ahora que existe una oportunidad de realizar lo que tanto luché,
hoy me tengo que apegar a los sistemas en lo que todo se sujeta al tiempo,
tiempo que parece acabarse rápidamente para mí
¿Quién podrá entenderme y ayudarme?
No quiero caer enfermo ni morir antes de ver realizadas mis esperanzas,
hoy que quiero dejarle al mundo mis pensamientos,
mis ideas que quizás revolucionen un poco en la manera de pensar y actuar de
    la gente,
pues si escribí con lamentos o ideas revolucionarias en la conducta de la
    gente,
fue por todo lo que viví,
por tanta gente que murió luchando por cambiar la manera de vivir sin valores
    morales,
donde la gente vive sin pensar en los demás,
porque cada uno de nosotros somos parte de un todo, pero que debe ser un
    mundo de seres humanos que actúen como tales y no como animales.

64. TUS ENSEÑANZAS   06-18-09

Alimentar mi espíritu con la armonía de un día claro y soleado
cultivando mi mente con los recuerdos de tus enseñanzas,
como no disfrutar de esos momentos en que inculcaste en mi mente la Fe en
    Dios,
los valores morales, la religión, la buena educación, la ternura y el amor al
    prójimo,
la meditación, la oración, el engrandecimiento con nuevos conocimientos,
observar como en la Fé en Dios y la oración se logran tantos objetivos,
que la caridad debe ser un secreto entre mis manos y mi mente,
que en las riquezas materiales no está la felicidad,
pero tampoco en la austeridad y la miseria, pero si en el trabajo honesto,
que la lucha diaria debe ser en el trabajo, en el estudio,
en la búsqueda siempre de la perfección del espíritu y poco en los placeres
    mundanos,
vivir de realidades y no de fantasías,
que amar y buscar el bienestar de los propios debe ser siempre una prioridad,
que los seres que uno ha traído al mundo, no pidieron que los trajeras,
que por lo tanto uno debe luchar por su bienestar,
que uno debe proveerles un futuro digno,
que uno debe llorar con ellos en su dolor,
que uno debe enseñarles lo que uno aprendió,
que la lucha por los semejantes debe ser fuerte y constante,
como no recordar esas enseñanzas que entendí de tí OH Santo Padre Juan
    Pablo II,
como no recordarte y llorar al saber que tú estás con Dios y nosotros tratando
    de seguir tus enseñanzas,
que quizás yo no alcancé a escuchar todo tu evangelio.

65. TUS OJOS 06-18-09

En el suave mirar de tus ojos,
y en esa tímida sonrisa en tus labios,
muestra lo intenso y grande que es tu espíritu,
la timidez de tus expresiones,
hace de mí un iluso al pensar que dediques tus pensamientos hacia mí,
¿Quién soy yo para pensar que tú me observas?
Y que en ese momento reflejas esos sentimientos que brotan en tu sonrisa por
    mí,
tu belleza es la culpable de mis pensamientos,
si no te hubiera visto,
mi mente nunca hubiera imaginado tanto,
como lo he hecho con solo verte,
ya que al imaginar vivir a tu lado lo describe,
pues con solo verte no puedo dejar de pensar en todo lo que provocas en mí,
ya que ha sido como un choque del que no puedo despertar,
y que al verte y ver tanta belleza en tí,
vuelvo a desmayar imaginando estar en tu regazo,
y en especial por ese rostro tan sonriente tuyo.

66. VIVIR EN EL PASADO   06-27-09

No puedo dejar de pensar que solo en mis recuerdos puedo vivir,
que solo mis memorias alimentan mi alma,
ya que en ellas revivo todos esos momentos tan felices que me dio la vida,
solo en el pasado puedo volver a recorrer tantos caminos, tantas aventuras,
    emociones,
como en aquellos momentos contemplando el horizonte cuando navegábamos
    por el Caribe,
o cuando contemplando esas olas que nos agitaban el barco,
o aquellos delfines y aves que junto a nosotros nadaban o volaban,
ver aquellos barcos enormes navegando en esos mares,
o en aquellos juegos de amor,
o en aquellas noches que tantos planes hacíamos,
donde contemplar la luz de la luna nos llenaba de ilusiones,
donde un beso se volvía en el inmenso amor que nos profesábamos,
porque hoy en el presente,
el miedo de vivir en medio de enfermedades y dolor me atrapa,
por lo que el presente para mí, es tan difícil ahora llenarlo con alegría,
como lo llenaba en el pasado,
solo el llanto en mi corazón me inunda,
y solo al ver nuevos seres, que empezando a vivir nos regalan sus sonrisas,
calman un poco esta angustia de vivir,
y porque el futuro tiene tantos malos ratos en su pronóstico,
que para mí me dice que difícil será comparar ese pasado, con el futuro que me
    espera.

67. ¿PUEDES AMAR? 06-29-09

¿Cómo puedes amar?
cuando no sabes lo que es amor,
cuando no sabes distinguir la belleza de un parque con el frío de un bosque,
cuando en ellos encuentras el calor y la armonía del amor,
porque amor es encontrarlo todo,
porque amar es no tener que buscar,
amar es encontrarte en la soledad de las llanuras y nunca sentirte solo,
amor es encontrarte en el color de las flores, de las plantas,
o en la caída de las hojas de los árboles,
del suave aire que corre por las montañas diciéndote cuanto te aman,
cuando en lo extenso de los lagos, se refleja el Universo,
y que está lleno de amor,
porque en él encontramos la belleza de la creación,
o en el ruido que los animales cantan por la noche, diciéndote cuanto amor hay
    en ellos,
¿Te puedes preguntar ahora sí crees que puedes amar?
Porque en el todo que hay, se canta el amor,
deja atrás toda tristeza que hay demasiado calor y amor en este mundo.

68. ¿TORMENTAS DE AMOR? 07-02-09

Ver la tarde caer en medio de la paz,
y bajo el dominio de tu amor,
que a veces se torna como en una pesadilla,
y en otras en un remanso de pasión,
como interpretar tus rayos de ¿Amor?
Que es como querer ver los rayos del sol en el atardecer,
ya que te queman la vista con su esplendor,
¿Serán verdad tus palabras que parecen a veces cargadas de odio?
Y en otras de amor,
pero que nunca se expresan con claridad,
suenan como un reto de saber quién ama más o lastima más,
y en medio de esta calma,
en este atardecer me haces pensar y analizar cada palabra o acto tuyo,
y veo que no es como este atardecer,
en donde el sol brilla con toda su intensidad,
sino que se empaña como en una tormenta,
que a veces se disipa y deja ver el sol,
y en otras parece una tormenta oscura y sin fin.

69. PASADO Y PRESENTE 07-02-09

Cuantas veces me reí de aquellos que en sus recuerdos lloraban,
más ante el dolor que les producía verse en ese vacío,
si, vacío de lo que ya no era,
y que queriendo revivir su pasado se hundían en su amargura,
sí, porque ellos mencionaban, amores, riquezas, viajes, fiestas, bailes y tanta
    alegría,
yo solo me burlaba de ellos,
ya que no creía en lo que contaban,
solo me decían ya te llegará tu turno,
¿Pero cuál turno, preguntaba yo?
Si yo todo lo disfruto ahorita y lo seguiré haciendo hasta la muerte,
pero hoy que las campanas suenan y me veo como estoy,
veo cuánta razón tenían,
mi turno ha llegado,
y la soledad, la miseria, y la vejez golpean mis pensamientos,
como golpean mis oídos los sonidos de las campanas que anuncian las horas
    del presente,
ya que hoy vivo al igual de quien me burlé,
solo recordando y sufriendo por todo lo que no tengo hoy,
que el presente para uno, nunca será como el pasado que vivimos.

70. PUERTAS 07-05-09

En la vida actual es tiempo de grandes incógnitas,
que como puertas se me presentan ante mis ojos,
en cada una existe en mí el temor de abrirlas,
ya que sin saber que existe detrás de cada puerta,
cada día comienzo abriendo y encendiendo la luz,
en la que siempre espero encontrar la luz de una nueva vida,
o la luz de una nueva esperanza de vida,
esperanza que llene mi vida de nuevas experiencias,
pero en cada día que abro una puerta encuentro solo oscuridad,
y así el día se llena pero de pesares,
ya que nada cambia y solo miserias y dolor se clavan en mí,
y nuevamente en cada anochecer me quedo esperando,
por ese nuevo amanecer en que abriré una puerta más,
que quizás en ella encuentre la felicidad de vivir,
de vivir plenamente sin miserias ni dolor o hambre,
sin la maldad que en cada día encontramos al abrir la puerta equivocada,
porque al abrir y encontrarnos con ella solo luchamos contra esa carga que nos
    destruye,
y como hay que tratar de sobrevivir y esperar abrir la puerta que nos dará la
    felicidad,
espero con ansias que sea en el nuevo día en el que encuentre la puerta correcta.

71. PECADO DE AMAR 07-07-09

Expresarte amor significó un gravísimo pecado,
el amor que sentía por tí solo contenía las más puras ilusiones que el amor
    puede expresar,
pero en mi ceguera no comprendí que eras un ser tan especial,
que este iluso no comprendió que en tí había tantos intereses,
que un amor como el que te profesaba no tenía lugar en tí,
mientras que en mí armabas en mi corazón tantos sentimientos,
sueños en los que la hermosura de tu rostro los impactaba,
creando en una bruma todo un sueño de amor,
pero algo que mi entendimiento no logró comprender,
fue que tú eras de otro mundo,
un mundo en el que este miserable no tenía lugar,
y ahora solo te has convertido en una fantasía más en mi mente,
ya que tu amor siempre será inalcanzable para mi,
y solo en esa bruma me pierdo con mi dolor ante tú realidad,
en la que espero me sea perdonado el pecado de haberme enamorado de tí,
porque la penitencia será muy larga y dolorosa.

72. ¿RESIGNACION? 07-07-09

Dolor llanto y soledad,
será la imagen de tu partida,
tu amor, tu compañía, tus palabras, enseñanzas, tu canto,
tu alegría, tu llanto, tú dedicación, tus obras, tu trabajo,
llenó tanto nuestras vidas que sin tí,
no hay ideas con que expresar el dolor que nos causaras,
nadie podrá llenar en nosotros todo lo que tú nos diste,
no pretendas que en nuestro amor exista la resignación,
nada hay que pueda confortar nuestras almas,
te necesitamos, te adoramos, te amamos tanto que yo no puedo pensar sin tí,
tu presencia, tu voz es el pan de cada día,
no nos dejes aun,
sé que tu dolor es grande,
pero la esperanza de vida en tí,
siempre llenó las nuestras,
dales un poco más de tí a los que te amamos tanto,
no dejes que nuestras vidas se oscurezcan,
sé que te pareceré egoísta pero tú nos llenaste de tanto amor,
que hoy no sé como vivir sin tu amor.

73. ¿CAMBIAR? 07-23-09

Cómo puede un solo ser cambiar todo,
¿Es acaso especial?
¿Es su obstinada voluntad?
Todo cambia cuando una sola persona se lo propone,
¿Entonces cómo conformarse?
¿Cómo ser uno más de esas pasivas multitudes?
¿Cómo conformarte con lo que eres?
Cuando una sola persona puede cambiar todo,
admirable es cuando vemos realizarse tantos sueños,
sueños como la creación de un estadio deportivo,
la de una ciudad moderna, con tantos avances tecnológicos,
o la construcción de una presa enorme para generar electricidad y otros adelantos,
o como el descubrimiento de tantos inventos,
¿Pero cómo conformarnos cuando ese ser es malo?
Que encerrando tanta maldad nos engaña,
y con esa maldad arrastra tanta gente,
porque los hace pensar que lo que dice es cierto,
y en su maldad provoca tantas muertes y destrucción
¿Cómo reflexionar ante quien hace bien o ante quien hace mal?

74. LOCO SOÑADOR 07-25-09

Los sueños se definen como locuras,
cuando en ellos se trata de influir cambios,
cambios que generen mejores conductas,
cambios que transformen la vida para mejorarla
cambios que puedan generar mejores riquezas para todos,
cambios que permitan transformar los cultivos agrícolas para mejorar,
cambios en la pesca que permitan conservar las especies marítimas,
cambios en la industria el comercio o en muchos aspectos del vivir que permitan
     mejorar la vida de todos,
Es entonces cuando lo juzgan a uno de loco,
¿Será acaso que a la humanidad le gusta sufrir?
¿Qué les gusta más destruir que construir?
¿Que aman más a la violencia que a la paz?
¿Cómo interpretar lo que tantos soñadores han querido cambiar el mundo en
     beneficio de todos?
Pero que quedaron como simples soñadores que estaban Locos.

75. RECUERDOS DE AMOR 07-27-09

Vuelve a mí,
vuelve a mí como cuando llegaste a mi vida por primera vez,
vuelve a encender en mí la ilusión que causaste en mí,
vuelve a mí a enamorar en mí la vida,
vuelve a mí y hazme sentir lo grandioso que era para mí tu amor,
vuelve a mí a empezar los sueños de amor que nos ilusionaron tanto,
vuelve a mí para sentir nuevamente tus labios que despertaban tanta pasión en
    mí,
vuelve a mí y déjame oler tu aroma que hacía de mí sentirme en otro mundo,
vuelve a mí y caminemos nuevamente de la mano,
recorramos otra vez los caminos del amor,
vuelve a mí y hazme sentir el calor de tu cuerpo en mis brazos,
vuelve a mí y renueva mis sueños de vida y amor,
vuelve a mí y comencemos nuevamente aquellas tardes que nos amamos
    tanto,
vuelve a mí y vallamos a aquellos callejones en que hacías sentir en mi tanta
    dicha y amor,
vuelve a mí y comencemos nuevamente nuestro 1968-69.

76. CANTARTE A TI 07-26-09

Cantarte en este tiempo,
es pensar en amarte sin fin,
es sentir el éxtasis de tu amor y tu deseo,
es soñar cantarte en el espacio infinito,
y para bajar de él los mejores mundos del universo,
para que en ellos se llenen de dicha y encanto con tu ser,
cantarte en este tiempo es llenarse de amor por tí,
es llenarse las noches de pasión y amor por tí,
y en el ámbito de tus aromas que enciende en mí la sangre,
y hacen brotar de mi alma todas las ilusiones de cantarte en este tiempo,
para que tú te enamores de mí,
y así llenemos de humo el cielo, con la pasión que quema nuestros cuerpos,
cantarte en este tiempo es desear que las tormentas se acaben,
y brote la luz de tu amor,
es hacer vibrar los sentidos del amor,
es volver a ver la belleza de tu rostro sonreír,
es comprender cuanta maravilla hay en tí al amarte.

77. PEQUEÑA 08-04-09

Llegaste del cielo para engrandecer nuestras vidas,
y hoy en cada sonrisa o en cada mirada tuya,
hacen vibrar nuestras almas de dicha,
¿Cómo te podremos amar más?
Si tú llenas todas nuestras expectativas sobre dicha y alegría,
tu pequeño corazón nos ha hechizado con cada latido,
y así hace de nosotros tus más fieles esclavos,
tus lágrimas hacen derramar toda nuestra amargura,
ya que al no poder contenerlas todo se convierte en desesperación,
volviéndose todo un correr para llenar de paz y amor tu ser,
para así ver de nuevo tu sonreír,
y así dormirte en tu alegre soñar en la que nos expresas tus sonrisas,
y a la vez escuchar tu suave respirar y volvernos a llenar de tu belleza angelical,
y así de esa forma responder a tí, hola pequeña,
que tu sonrisa siga llenándonos de amor y felicidad por tí.

78. ¿UN IDEAL? 08-04-09

Como en una tormenta azotan todos mis recuerdos a mi mente,
todos se tornan obscuros,
nada puedo ya detener,
nada en lo que pueda soñarme en aquellos momentos,
momentos en que la vida me llenaba de aventuras y alegrías,
toda mi mente se inunda, como si la lluvia la inundara,
pero no son mis lágrimas las que inundan mi ser,
lágrimas sí, porque hoy solo se llena mi vida de tristeza y desesperación,
ya nada llega a mí para emocionar y excitar a mi corazón,
todo se ha transformado en una inmensa soledad sin fin,
cómo reaccionar ante la impotencia física y mental,
que nos provoca la vejez,
en que nos impide volver a sentir la juventud,
aquella juventud que nos llenaba de bríos y energía,
vencer era nuestro ideal,
pero hoy es el haber sido, el vencido por la vejez,
y es lo que llena mi alma de tristeza,
solo la esperanza de que exista otra vida,
que llene nuestras almas de realidades y amor será el ideal.

79. SUS LAGRIMAS 08-05-09

¿Cómo aceptar las lágrimas de una madre?
Cuando se le debe la vida,
cuando todo lo grandioso o malo que uno pueda lograr en la vida,
ha sido gracias a que le dio a uno la vida,
pero el que uno no sepa engrandecerse así mismo o perderse,
nunca será culpa de una madre,
sus sufrimientos para poder darle vida a uno nunca podrán valorarse,
el momento del parto en donde sacrifican hasta su vida misma para darle a uno
    la vida,
¿En donde podrá uno darse cuenta de todos sus sacrificios por uno?
Y sobre todo el verla llorar por un hijo,
debe sentirse como si lo cortaran a uno en mil pedazos con navajas,
cada una de sus lágrimas uno debe sentirlas como navajas,
nunca deberíamos provocar ni una sola de sus lágrimas,
ya han sido demasiadas las lágrimas que derramaron por uno,
malditos debemos ser cuando a una madre le infringimos tanto dolor,
malditos cuando defraudamos su fé por nosotros cuando torcemos nuestras
    vidas,
porque las enseñanzas de una madre casi siempre son para sentirse orgullosas
    de su obra,
solo la perversidad puede malograr esas esperanzas que se han puesto en uno,
mi compromiso con mi madre nunca acabará,
le debo la vida y lo que pudiese ser en bien de la humanidad,
solo amor y dedicación para venerarla es la única misión para con ella.

80. POR AMARME A MI 08-06-09

Guarda en tu corazón las palabras que del mío brotan,
que en ellas llevan todo el amor que por tí siento,
guarda tú en tu mente mis besos que han de labrar en tí la intensidad de mi
    amor por tí,
deja brotar de tu alma tus sentimientos,
que los míos ya inundan el mundo al haberme enamorado de tí,
guardo en mi corazón cada beso, cada mirada, cada palabra que de tí se tornó
    en amor por mí,
y en ese silencio al amarme los sonidos de tu pecho que al hacerlo, sonaron
    como la melodía más intensa,
haciéndome estremecer hasta lo más hondo de mi alma,
tu amor entregado a mi corazón, marcó en mi pecho tu nombre haciendo de
    mí tu esclavo,
y ahora tan solo el sonido de tu voz guía todos mis actos para amarte,
amarte como nunca pensé que alguien pudiese amarme como tú lo has hecho,
déjame robar de tus labios en cada instante de nuestras vidas el amor que por
    mí guardas.

81. EL MAR 08-07-09

Abro mi corazón y mi mente,
para revivir los momentos que viví junto al mar,
que me hace sentir aquel movimiento de las olas cuando navegaba en él,
cuando me extasiaba con la hermosura de sus aguas y lo hermoso de sus
  colores,
donde soñaba en navegar en mi buque como comandante,
o en todos aquellos que junto con la brisa marina y las noches claras llenas de
  estrellas,
o que gozando tanto del mar construía tantos sueños
que hoy al sentir el olor del mar, me reclamo porque me alejé de mis más caros
  sueños,
y hoy al ver el horizonte donde las nubes parecen nacer del mar,
brotan de mis ojos lágrimas que se pierden en el viento,
y solo ahora la imaginación me lleva a navegar por los mares soñando con lo
  que nunca fue para mí,
y que hoy solo se llena mi alma de dolor al solo resignarme con contemplar en
  la distancia las olas del mar,
y ante la inmensidad del mismo y a la orilla de la playa me puedo imaginar con
  todos sus olores y sus ruidos de las olas el navegar en mi buque soñado,
y así participar en todas las maniobras, ceremonias, desfiles y tantas aventuras
  que me perdí.

82. UNA FRÍA NOCHE DE ENERO 08-14-09

Eres en el fondo de mi corazón el centro de mi inspiración,
lo que una noche fría de Enero encendió en mí el amor,
ese amor tan intenso que he podido sentir toda mi vida,
ya que lo convertiste en 5 maravillas,
maravillas que han engrandecido nuestros corazones,
dándole a nuestras vidas el valor inalcanzable que puede inspirar el amor,
y hoy que en otros frutos que se han sumado, desbordan todo limite,
por eso hoy que el tiempo nos ha caído,
hoy siento todavía ese fuego inmenso que prendiste en mí aquella fría noche
    de Enero,
y hoy solo deseo que se sigan elevando más y más las maravillas que produjo
    ese gran amor,
ese amor que prendiste en mí tú y nadie más que tú,
solo tú, sembró y encendió esa llama de amor que solo se extinguirá con la
    muerte,
hoy al ver esos ocho caritas con sus hermosos ojos,
siento como la llama de tu amor se engrandece iluminando sus sonrisas,
y hacernos sentir cuán grande es el amor que se encendió en nosotros.

83. SIN ODIOS 08-14-09

Ven, regresa,
ven y destroza toda mi vida,
ven y descarga todo el rencor que sembré en tí,
que ya veo que nada de lo que haga por tener tu perdón lo tendré,
vale más que descargues tu odio hacia mí,
ya que bien ganado lo tengo,
mi vida ya no valdrá nada,
el odio que sembré en tí destrozó cualquier ilusión o amor,
ningún esfuerzo, ninguna palabra,
sé perfectamente que nada podrá remediar el mal que sembré en tí,
sé que al vengar tu odio la paz se podrá apoderar de tí,
y quizás renacerá en tí una nueva forma de vida,
en la que no habrá más tensión,
tu alma se liberará y descubrirá cuán bello es vivir,
vivir sin odios ni rencores, sin el miedo que de mí sentías,
la primavera, la música, volverá a tu alma,
todo será grandioso para tí sin mí.

84. LA FUENTE Y LA MUSICA 08-12-09

En ese compás de luces y cantos que producen las fuentes brotantes con el agua,
tú entonas y devuelves en mí la sensación del amor,
de ese amor que prende en el alma,
y con los más sensibles sentimientos para cantar,
con amor y luz en las fuentes de agua que parecen limpiar nuestras vidas de
    sufrimientos,
dándonos nuevos sueños,
nuevas esperanzas que del amor se puede esperar,
cuando en ese ir y venir de la vida nos destroza o nos devuelve la fe de vivir,
del cantar de las fuentes brotantes podemos aprender que en la claridad de sus
    aguas se puede sentir también el amor,
que se puede soñar en un amor perfecto como el que tú me expresas,
que el subir o bajar del agua es como se vive el amor contigo,
en unas tu pasión se enciende como suben las aguas de la fuente,
y en otras la calma de tu amor se asemeja a la calma con que el agua brota,
ya que en el compás de la música las fuentes te impulsan a cantar, llorar, amar,
    soñar,
que es como tu amor me impulsa también a cantarte, amarte, y a soñar con la
    pasión de tu amor.

85. PEQUEÑA GABY
ADELE 08-16-09

En la caída de la luz del sol enmarca la belleza de tus ojitos,
dándole a tu sonrisa la belleza angelical de tu rostro,
y en el color de tus ojos se refleja toda tu nobleza,
llegaste a nosotros y cada semana,
es ver cuánto amor nos infundes con tus sonrisas,
en la fragilidad de tu niñez nos hace temblar,
pero nos llenas de alegría al sostenerte en los brazos dándonos tus sonrisas,
como no amarte pequeña si a cada día nos regalas una novedad,
ver cómo nos diriges tu encantadora mirada haciendo de nosotros tus
    esclavos,
Oh, bebé tu sonrisa en tu dormir nos das la alegría de la felicidad que te
    damos,
déjanos vigilar tus sueños, tus llantos, tus sonrisas que hechizados estamos ya
    contigo,
y el verte crecer nos dará la tarea más hermosa de nuestras vidas,
el comenzar a oír tu vocecita, da a nuestros oídos la melodía hermosa,
dinos como llenarte de amor, que para nosotros eres un gran tesoro.

86. FRACASADO 08-17-09

Y es ahora que me agobian los pesares, los fracasos, las frustraciones,
el no haber tenido talento para triunfar en la vida,
hace de mí que piense que aun con toda la Fe nadie me escuchó,
y poco a poco mi mundo se derrumba,
está llegando el momento en que parece que los cambios serán para empeorar,
pero no así los de la salud, parece esperarme una larga vida,
y como parece que el camino estará lleno de castigos para purgar mi
    incompetencia,
poco a poco la miseria se va apoderando de mí,
y el desplome de mi vida se encuentra cerca,
todo parece que el sufrimiento y la miseria serán mis compañeros,
la buena suerte siento que nunca estuvo conmigo,
hoy sí se ensaña la mala suerte,
¿Habrá acaso alguna esperanza para renovar mi vida?
Todo indica que se cernirá sobre mi cabeza las tragedias, la soledad, las
    enfermedades,
pero que en mi penitencia no serán mortales,
pero solo espero que me sirva en el camino que todos buscamos para encontrar
    a Dios,
creo que todo parece que ahora estoy listo para ese negro futuro,
¿Dios mío será esta la máxima prueba a la que me debo someter?
¿Y así alcanzar tu espacio en el que la vida eterna nos podrá dar un lugar
    especial ante tí?
Si es así comencemos cuanto antes.

87. MÚSICA AGUA Y AMOR 08-13-09

Suenan las campanas, la música va a comenzar,
atentos todos aguardamos el momento en que brotará la música acompañándose,
de columnas de agua que forman una sinfonía,
y así todos en el murmullo de sus voces esperamos,
pero cuando comienza la música en el resplandor de las luces,
nuestras caras se llenan de emoción nos llega al fondo del alma, en ese silencio de todos,
los recuerdos que acompañan el momento se reflejan en las miradas,
unos viendo al cielo donde las imágenes de los recuerdos bailan como las columnas de agua en medio de la música,
y así todos en un inmenso silencio paralizados por la música,
se entonan las palabras de amor, de ternura, de pensamientos sublimes,
y sin que nadie se mueva las columnas de agua bajan suben y recorren su camino dándole más belleza a esa combinación de agua luz y sonidos magníficos,
nuestros pensamientos se desbordan en poemas, versos y tantas composiciones que nos da el momento,
y de la mano muchas parejas voltean sus ojos llorosos para decirse con la mirada cuanto se aman uno al otro,
es así como me llenaba a mí esos momentos en que mis pensamientos volaban en medio del amor, la música y la maravilla de sentirme amado por tí,
nada que pudiera distraer nuestra atención,
solo la inmensidad de la música, el agua, la luz, todo en un marco,
que no nos permitía alejarnos de ahí,
momentos de tanto amor y emoción que al acabarse solo nos engrandecieron más nuestro amor.

88. RECORDARTE 08-23-09

En la belleza de tu rostro, o en el aroma que de tu cuerpo emana,
como no he de recordar y llorar de emoción,
como no he de pensar en cuánto te he amado,
como no sentir en mis venas la emoción de lo que hemos vivido,
los días, los meses los años, me harán llorar al recordarte,
como poder ser tan egoísta y no pensar en cada uno de esos momentos,
de esos momentos en que nuestro amor nos envolvió,
en que nuestro amor nos dio tanta felicidad,
nada puede interponerse al recordar cada escena de lo que vivimos,
y que se grabaron en mi corazón con tanto amor,
hoy el pensar y repasar en tantas escenas que la vida nos ha dado,
solo puedo decir que agradezco a Dios y a la vida por haberte cruzado en mi
    camino,
porque ante esos momentos de angustia, alegría desesperación, dolor pasión,
o en aquellos lugares que nos enmarcó en una noche de amor de ilusión,
o de encanto musical y luz, como no sentirme agradecido, si estabas tú,
Oh, amor mío, cómo no recordar cada momento que tu amor llenó de luz mi
    vida,
como no pensar a cada instante que la vida me dé, en todo ese amor que de tí
    recibí,
solo espero que nuestras vidas puedan seguir enmarcándose en momentos tan
    sensibles, que nos haga sentir lo hermoso de vivir juntos,
si juntos atados de la mano en nuestro amor hasta la eternidad.

89. ¿IDEALES? 08-24-09

Consagré mi vida a mis ideales,
Pero ¿a cuáles?
si ahora mis fuerzas empiezan a flaquear,
ya que la adversidad que encierra la miseria me llena de dudas,
y hoy siento que mis ideales me han abandonado,
ya que al no encontrar puertas que se abran para ayudarme a superar esa adversidad,
ya que para todo se necesitan recursos y así sin ellos, nada se logra,
siento que lo encierran a uno en la desesperación,
el abandono en que hoy me encuentro me hace sentir que fueron muy pequeños mis esfuerzos por vivir bien,
y ahora rectificar y tratar de crecer cuando la juventud y las energías se han ido,
se vuelve inútil ya que por más esfuerzos que hago la miseria me encierra en el anonimato y hace que nada se capitalice,
¿Cómo reencontrarme con mis ideales si todo ha cambiado para mí?
Creer en el trabajo, en la honradez, la formalidad, el cumplimiento al máximo en todo,
atender las más mínimas responsabilidades con fervor,
el perseverar en las creencias que me inculcaron, como amar a mi Patria, a las leyes y en Dios,
por eso creo que aunque todas las puertas se cierren para mi,
y aunque la miseria me termine de encerrar y con la indiferencia de los demás tenga que vivir,
Siento que seguir viviendo creyendo en mis ideales es la forma y que ni la muerte me podrá vencer para dudar de que ese es el camino en que se debe vivir y morir.

90. RAÍCES EN EL CORAZON 08-27-09

Con la suavidad de la brisa, y ese aroma que del bosque emana,
en tu regazo y escuchando esas suaves melodías que entonan con tu belleza,
siento que se ha cumplido el más caro de mis sueños,
que al recibir tu entrega, tu amor se ha arraigado en mi corazón con fuertes
lazos,
que harán de mí tu más grande enamorado,
el contar con la realización de recibir tu amor con esa intensidad con que me
diste tus amorosas palabras y caricias, ha sellado para siempre mi corazón,
nada ni nadie ahora podrá distraer mi mente, mi alma y mi amor de tí,
la construcción de nuestro amor traerá a nuestras vidas la más grande de las
luchas por convertirlo en un gran amor,
que juntos podremos gozar y engrandecer con nuevos seres que de nuestro
amor se conviertan en parte de nuestra felicidad,
que hoy si, todos los poemas y cantos de amor serán nuestros para ser parte de
nuestras vidas,
que darán a nuestras existencias la pasión, el deseo y el amor que solo tú sabes
entonar,
que solo tú sabes convertirlo en el borrador de tristezas y dolor,
que solo tú sabes convertirlo en el alimento que nuestras almas necesitan para
ser felices,
que solo tú sabrás encauzar nuestras vidas en el amor hasta la eternidad,
solo con tu amor la melodías, el mar, las aves y todo lo que encuentres en la
tierra se verá sublime,
las raíces que tu amor ha hecho de mí, hace que exista una sola frase en mi
alma,
te amo eternamente.

91. 72 AÑOS 08-27-09

Como en una impresión en mármol,
en mi infantil adolescencia se grabó tu imagen,
y aunque la adversidad y la tragedia me envolvió,
y aunque la muerte casi me arrebató de la vida,
el continuar en el difícil camino que mi trágico destino me marcó,
poco a poco los años pasaron y cuando todo para mí era tragedia, dolor y
    continuo sufrimiento,
volviste a cruzarte en mi camino y ahora si para brindarme una plataforma,
donde pudiese cambiar radicalmente mi vida,
y hoy que repaso cada momento que a tu lado viví,
me envolviste en aquella burbuja de amor que se empezó a formar cuando te
    conocí,
tu amor, tu soporte, tu lucha por mi felicidad ha sembrado solo amor y felicidad
    en mi vida,
hoy que 56 años han pasado ha sido tanta la dicha a tu lado que nada puede ni
    podrá empañar esa felicidad en que me ha llenado la burbuja de amor que
    fabricaste para mi felicidad,
ni el dolor, ni las penas, ni la soledad, ni la miseria he conocido a tu lado,
pues todo lo has tratado de reformar con tu amor,
finquemos hoy el futuro que en la vida y en la eternidad quiero seguir a tu lado
    amándote.

92. DECEPCIONES 08-31-09

Cuanta decepción se puede llevar en el corazón,
cuando todo lo que se ha recibido,
ha sido solo desprecio, humillaciones, envidias, desamor,
solo el cumplimiento de los deberes hacia uno,
pero nunca con amor o compasión,
siempre ha de vivir uno en el desprecio,
hasta de los de uno mismo,
de esos seres que aunque uno los trajo al mundo también lo desprecian a uno,
nunca satisface uno a nadie,
y se tiene que seguir viviendo en la ignominia,
a veces parece ser que vivir así es como vivir encarcelado,
de esos lugares en donde uno solo es un número,
donde solo la violencia predomina,
a donde solo la autodefensa personal es la única que cuenta,
no hay forma de sobresalir solo desprecio y humillaciones se come diariamente,
por más que uno da para la felicidad de los demás,
todo parece ser que uno aporta la desgracia,
como vivir pensando que se cumplió con las metas trazadas,
si solo miseria, desprecio y humillaciones recibe uno diariamente,
oh, cuán amarga es la vida cuando se rodea uno de malagradecidos,
y de aquellos seres que solo llevan en su mente la envidia y la maldad.

93. ME OLVIDE   08-31-09

Me olvidé de pensar en mis ilusiones,
me olvidé de pensar en que el tiempo todo se lo lleva,
me olvidé de poner candados para impedir que me dejaran en el olvido,
me olvidé que no solo es trabajar y vivir sin razones,
me olvidé de guardar las enseñanza y consejos para no llegar solo a la vejez,
pero creo que no olvidé en fincar mi amor y el trabajo,
ya que el amor no me falta,
ya que solo las amistades me olvidaron,
pero no olvidé fincar mis bienes para que no me falte donde vivir,
solo me he olvidado de las bestias que en su codicia te quieren quitar todo,
por eso no me olvidé de ponerle candados a lo mío para no perderlo,
y aunque hoy la vida es solitaria,
no me falta la compañía de los que si me aman,
y si hoy quisiera revivir mis ilusiones,
solo puedo pensar que puede ser ya muy tarde,
que la vida si se acabó para uno,
y que en su tiempo si se pudo realizar las ilusiones y que hoy,
para uno la resignación, la meditación, la música,
y al tiempo, el verlo pasar es la mejor ilusión.

94. TOCA TU CORAZON 08-31-09

Toca, toca tu corazón baila con el esplendor de la música,
ella te hará sentir lo bello de vivir y amar,
vamos deja ya tu mutismo,
ven y toquemos juntos nuestros corazones,
con la música que nos puede envolver en lo mejor de los encantamientos,
porque solo el amor es todo un encanto,
cuando lo compartes conmigo,
y con melodías el sabor de tu piel endulza mis sentidos,
y tocando mi corazón lo haces brincar de emoción,
ven y toca tu corazón que el mío ya te está esperando,
el baile va a comenzar y nos faltará piso para bailar con todo nuestro amor lleno
    de dicha,
baila, brinca, zapatea que la alegría que me produce el sentirte en mis brazos
    lo incita,
toquemos nuestros corazones y desbordemos toda nuestra dicha y pasión,
todo en nuestra comunión que nos produce el amarnos,
toquemos todas las melodías que hagan vibrar nuestros pechos,
y bailemos a su compás,
que solo el amarnos es mi ansiada ilusión.

95. LA NATURALEZA 08-31-09

Ríos, mares, lagos,
bellas montañas llenas de árboles y flores,
todo se puede admirar,
y cuando entonamos cantos y canciones en sus inmediaciones,
nos trasladamos a la gloria misma,
como no contribuir a su engrandecimiento,
que es como todo se convierte en vida con su ayuda,
mis mejores pensamientos me brotan al verlos o pensar en ellos,
los paisajes que forman me llenan de vida y de encanto,
canto con alegría al verlos vivos,
pero cuando su destrucción por incendios, sequías o por la maldad del ser humano,
todo se torna tan amargo y triste,
la rabia que produce el ver su destrucción cuando nada puede uno hacer,
Dios tú que has creado cada partícula, cada pedazo de esta tierra,
o de cada animal por pequeño que sea,
porque no les provees a tu mejor ser que creaste "el hombre"
si de una mayor sensibilidad para no destruir,
y así en su egoísmo te trate de imitar,
Señor, no logro entender porque su empeño en destruir,
Y no de aumentar tu creación.

96. RÍOS DE AGUA 09-01-09

Como ríos embravecidos veo tus sentimientos,
la bravura de carácter arrasa con todo lo que encuentras,
como lo hacen los ríos cuando por ellos bajan las fuertes corrientes,
pero cuando sus aguas corren suaves y tranquilas puedes contemplar la frescura
    y la claridad de sus aguas,
y es así como se pueden contemplar tus sentimientos cuando amas,
cuando la ternura te embarga la claridad de tí se refleja en tus ojos,
provocando en mí el hechizo que me produce al verte y siento que todo se
    renueva en mi,
como las aguas de los ríos renuevan todo por donde pasan cuando sus aguas
    tranquilamente riegan las tierras,
a todo le das vida con tu esplendor emanando de tí el más grandioso amor,
y es así como los ríos que dan vida y amor como tú lo haces
como no desear que las tormentas estremezcan las montañas para así llenar
    más los ríos,
que a su vez desbordándose darán más vida a la tierra,
es así como trato de provocar una tormenta de amor y pasión en tí,
pues sé que así también como los ríos se desbordará todo tu amor en mi,
haciendo de mi vida todo un paraíso con tu amor y pasión
y así generar en mi alma el deseo y la pasión que me produce tu bravura,
ya que como los ríos que se pueden secar,
así mismo trataré de evitar que ese amor que sientes por mí nunca se seque,
y podamos amarnos de por vida hasta la eternidad.

97. AMORES IDEALES 09-02-09

¿Cómo concebir el amor?
si nada te dedican,
buscas una mirada o una conversación y nada,
solo indiferencia,
buscas siempre el amor ideal,
y la vida se te va en la búsqueda,
encontrar lo ideal es tan difícil,
porque uno mismo puede no ser ese ideal,
por lo que terminas con quien compañía te da,
pero no porqué entre ambos haya brotado ese amor ideal,
difícil se enamorarán,
y la vida se volverá rutina,
una costumbre de cumplirse uno al otro,
hasta que poco a poco se va rebelando ante sus corazones el verdadero amor,
que sin saber brotó desde el primer momento,
pero que en esa confusión de buscar el amor ideal no lo percibieron,
y hoy sí duele la indiferencia los reproches o los insultos,
porque vienen de ese ser que es al final tu gran amor,
el que inspira en tí la lucha diaria por vivir,
y solo pueden refugiarse en su amor,
que es lo más sagrado que se tiene como pareja . . .

98. NIÑEZ O VEJEZ   09-04-09

Los destellos de los rayos en esa tormenta se asemejan a los temores que la
   soledad infringe en el alma,
en el frío de la lluvia te congelas y en la oscuridad de la noche incrementa el
   dolor,
de ese dolor que produce la soledad en que me sumieron,
como desterrar de mí esa angustia y dolor,
que la maldad y la miseria produce,
cuando el hambre y el frío te acosan,
cuando sientes que a nadie le importas,
y en especial cuando se comienza a vivir,
cuando tratas de comprender que significa la vida,
la niñez no te ha dejado aun y ya se te exige enfrentarte a la vida como adulto,
y cuando se ha vivido la vida sin niñez ni adolescencia cuando la vejez te ha
   caído encima,
me pregunto el porqué de tanta miseria humana si te traen al mundo y te
   arrojan como basura,
y todo para que aprendas a vivir o mueras como la basura que eres sin
   sentimientos,
por eso no logro entender,
porque venir a la vida si lo han de tratar a uno como una basura.

99. EL CAMBIO   09-06-09

El sentir y ver como drásticamente todo en tí ha cambiado,
que tus energías, tus ilusiones, tus deseos, tus metas, tus ambiciones,
todo, todo ha cambiado en tí,
todo es una confusión en tu mente y en tu vida,
el cansancio de los años ha cambiado tu forma de vivir,
ya poco te altera, poco te emociona,
solo tus nervios han cambiado pero para mal,
ya que hoy nada ni nadie quiere escucharte,
todo en tí parece árido como la arena,
como si todo se hubiese barrido en tu vida,
nadie quiere verte ni acompañarte,
como vencer este sentir de la vida actual para tí,
¿Necesitarás volver a nacer?
¿O volver a empezar?
Quizás solo el descubrir tu alma y renovar tus sueños podrá cambiarlo todo en
    tí,
convertir tus fantasías y sueños aunque sea solo en tu mente,
quizás así podrías aliviar estos momentos para tí,
el solo esperar en la meditación, la oración y la música,
quizás puedan aliviar esta espera del final de tí.

100. ¿AMOR INALCANZABLE? 09-06-09

Se rompe en mí alma todo,
las horas marcan la angustia, la desesperación,
nada me compensa y a través de los días,
mis pensamientos se agolpan como un torbellino,
tu amor inalcanzable provoca en mí este sentir,
si pudiese abrir tu corazón y darle espacio a este amor que me está quemando,
sé que podríamos llenar nuestras vidas de todo lo imaginable,
sé que este amor conjugado contigo traerá a nosotros un mundo de fantasías,
un mundo en donde nuestro amor se fundirán en uno solo nuestros corazones,
un mundo en donde nuestro amor podrá enfrentar los infortunios de la vida,
podremos construir no castillos en la arena pero si realidades en nuestras vidas,
ven comparte conmigo estas ansias de amarte,
ven y brinda conmigo que si entiendes este amor que siento por tí,
podremos llenar de amor nuestras vidas,
así como el sol llena de luz al día,
voltea a mí detén tu indiferencia,
que mi alma enamorada de tí te aguarda,
y que es en este espacio lleno de ilusiones por tí,
que te espera para vivir la gloria de tu amor.

101. HUIR 09-06-09

Tú que hundiste mi vida en la amargura,
tú que usaste mis sentimientos para burlarte de ellos,
tú que hundiste mi vida en la miseria,
tú que convertiste mis ilusiones y sueños en verdaderas pesadillas,
tú que sin ningún dolor destruiste todo en nuestras vidas,
hoy quiero decirte que partiré,
que me liberaré de tanto dolor,
que huiré lejos donde tus pasos nunca me alcancen,
porque tú destruiste todo con tu egoísmo, tu ambición y tu maldad,
todo voy a cicatrizarlo en mi corazón y en mi alma,
que voy a curarme para poder renacer en mí todo,
y que si hoy logro borrarte,
mi alma tendrá la dureza para no volverme a enamorar de alguien como tú,
de alguien que tan magistralmente encierra tanta maldad,
no me importará cuanto me cueste en sufrimiento,
pero tu recuerdo será el antibiótico que ha de curar esta enfermedad,
enfermedad que tu amor provocó en mi alma,
me voy a encontrar ese nuevo amanecer sin tí.

102. EL AZAR 09-06-09

El azar y el infortunio se apoderó de mí,
la vida convirtió mi existencia como en una ruleta,
en donde casi nada se gana y si todo se pierde,
a cada paso que doy tropiezo con las piedras de la maldad y de la pobreza,
las enfermedades que antes toreaba,
hoy se fincan en mí como cornadas en el cuerpo,
hoy el infortunio de los malagradecidos quieren acabar conmigo,
hoy no encuentro palabras para arreglar poemas o versos,
y es que hoy mi mente ha quedado vacía,
los desamores, los reproches, la miseria,
son las palabras que agolpan mi mente,
mi alma está vacía,
el olvido de mi existencia para los demás es claro,
ya nada puedo darles,
solo ven en mí la carga de sus vidas,
y es ahora cuando la suerte al abandonarme me ha recluído en la soledad,
solo me espera el asilo, el hambre y la tristeza,
ya nada podrá engrandecer mis días,
solo el abandono y la espera del final se apoderó de mí,
solo Dios iluminará mi camino a El,
el que ahora espero no me desprecie por mis malos actos.

103. TU PARTIDA 09-06-09

Hoy si se cerraron las compuertas de tu corazón,
hoy si dejó de correr el río que tu amor llenaba mi vida,
hoy si el frío de la soledad en que me sembraste me atrapó,
y congelándome en el frío y la sequía que tu amor ha dejado en mi vida,
trato de revivir mis sentimientos,
pero ya no corre nada por ese río que tu amor tenia,
levanto los ojos y solo sombras encuentro,
todo se ha oscurecido para mí,
como podré volver abrir esas compuertas que tu amor llenaba mi vida,
todo lo arruiné con mi frialdad,
creí que había llenado tu corazón de dicha,
pero que sin advertirlo solo sembré desolación en tu alma,
como podré revertir todo ahora si solo sembré en tí rencor, desamor y
    abandono,
ahora tendré que verte partir de mi vida,
que quizás cuando el tiempo pase y vuelva a encontrarte pueda volverte hacer
    soñar con lo que antes nos unió,
pero todo alumbra a tu total abandono y que nunca podré reconquistar tu
    amor,
ya que solo cenizas y sequías quedaron en tu corazón por mi culpa,
y yo hoy debo pagar mi estupidez.

104. PENAS Y DOLOR   09-07-09

Cuantas penas y dolor provocan,
cuando se invoca la Libertad,
cuando se invoca a seguir los ideales patrios o de la perfección,
cuando se respetan las leyes que los demás violan,
cuando se honra a la Patria donde se ha nacido para defenderla,
cuando por la miseria no se puede impedir la muerte de inocentes,
cuando la ignorancia prevalece y la maldad los domina,
cuando la ambición rompe los buenos principios,
cuando las enfermedades no se pueden remediar por falta de recursos,
cuando no se puede servir a nuestros semejantes con honradez,
cuando se matan inocentes por sucias ambiciones,
cuando se obliga a crear actos que van en contra de la humanidad,
cuando por egoísmo y ambición se roban los ideales de la gente buena,
cuando la soberbia ciega y provoca injusticias,
cuando se mata por ambición de poder,
cuando no se tienen sentimientos y te ciega la soberbia causando fraudes,
    engaños, dolor,
miseria, robos, y tantos males a los que nos rodean o amamos,
cuando sacrificas a los tuyos por riquezas mal habidas.

105. MIS CANCIONES 09-07-09

Yo no canto canciones que borren de tí la tristeza que otros te han causado,
ni canto canciones que te hagan soñar por otros amores,
yo quiero cantarte canciones que te hagan pensar en el amor,
para que al cantarte te enamores de mí,
y entonces si conozcas la alegría de amarme,
y la dicha de conocerme a través de mis canciones,
que mi música y poemas se mezclan creando canciones por tu amor,
en el tiempo pasado en que compuse canciones se basaron en tu imagen sagrada
    de mujer,
por eso siento que al tiempo le debo tanto,
tanto porque tú has sido mi inspiración y que ha hecho de mí tu ferviente
    enamorado,
ya que si hoy escuchas mis canciones entenderás cuanto amor encerraron por
    tí,
siempre ha sido tu imagen la que ha iluminado mi mente,
tu voz, tu silueta, tu rostro se encargaron de inspirarme para amarte más,
preciosas son tus palabras por la que adornadas con mis poemas se tornan en
    canciones de amor,
por eso solo siento que mis poemas solo quieren expresarte cuán grande es el
amor que por tí ha crecido en mi pecho a través de tantos años de soñar en tí,
que por eso he vivido pensando en tí,
que la vida sin tí se volverá muda y ciega porque solo tú entras en mi corazón.

106. ¿TE VAS? 09-09-09

Espera, me dices que te vas que abandonas lo nuestro,
pero ya te olvidaste de aquellas maravillosas noches que caminábamos juntos
en el frío o en la lluvia,
que soñábamos en darnos tanto amor,
que fincaríamos todo un mundo de dicha para los dos,
te olvidaste de las melodías que disfrutamos tanto con nuestro amor,
que bailábamos juntos en donde despertábamos tanto deseo de amarnos,
que planeamos tantos viajes que poco a poco disfrutamos a través de los años,
que planeamos tener nuestro hogar donde fincaríamos nuestro paraíso de amor,
te olvidaste de lo hermoso de pedirte en matrimonio,
acaso te olvidaste cuanto sufrimos para llegar a unirnos en matrimonio,
te olvidaste de todas las noches que me entregaste lo más bello de tu amor,
te olvidaste de aquellos brindis cuando lográbamos realizar parte de nuestro
sueños,
te olvidaste de cuantas veces nos velábamos toda la noche en nuestras
enfermedades,
de cuantas veces llorábamos por no poder curarnos rápido para no vernos sufrir,
te olvidaste de cuantas promesas de amor y de que nunca nos haríamos sufrir
uno al otro,
te olvidaste de las noches en que los dos sufríamos cuando vinieron nuestros
hijos,
te olvidaste de todos los retos que vencimos juntos para vencer la miseria,
te olvidaste de las sonrisas, de los sufrimientos y logros de cada uno de nuestros
hijos,
te olvidaste de cuanto te he amado día a día tratando de demostrarte que para
mi eras lo máximo de todo el mundo,
entonces si te vas será porque has enterrado todo lo anterior para siempre en
el olvido,
ya que para mí solo la muerte remplazará tu amor,
y hoy solo te pido dejarme en el umbral de la muerte que será la única que
podrá cerrar la herida que tu partida dejará en mí.

107. TARDE ES 09-14-09

Cada día que pasa se derrumban más mis sueños,
Nada se logra y de todo brotan problemas,
Las ilusiones por cambiar mi vida se empiezan a desvanecer,
El empeño por lograr realizar tantas metas inconclusas se está acabando,
Nadie escucha, nadie quiere apoyar,
¿Tendré que pensar como tantos que han muerto?
Que quisieron realizar tantos sueños pero el tiempo se les acabó,
y aunque para mí el tiempo no se ha acabado,
si siento que la voluntad empieza a desquebrajarse,
son muchos los obstáculos,
muchas las mentes que hay que convencer,
y si cada día la miseria se deja sentir más,
siento que muy tarde, quise realizar tantos sueños,
y hoy el pesimismo me está atrapando,
ya que nada se realiza y ninguna medida parece tener aceptación,
el futuro ya no es prometedor,
hoy el tan solo saber que las ilusiones los sueños y tantos proyectos,
solo tienen cabida en la juventud,
a la vejez resulta demasiado tarde,
en la juventud se tiene el tiempo, la energía y la aceptación de todos,
hoy para mí es ya tarde.

108. VIVO PARA TI 09-14-09

Vivo sembrando en tí palabras que llenen a tu corazón de dicha,
vivo tratando de demostrarte que solo amor se prende en mí por tí,
que mi alma vive dedicada a tí,
que solo a tu pensamiento quiero llenar con mis palabras,
que te hagan sentir cuán grande eres,
que para mí solo tu nombre llena mi vida,
que el palpitar de mi corazón lo alienta lo impulsa tu amor,
que eres el oro que mi ambición busca,
que eres la luz que alumbra mis ideas,
que eres el aire que golpea mi rostro con tu belleza,
que no puedo dejarte partir de mí,
ya que el vacío que mi alma sentiría nada lo substituiría,
el diario verte, el diario oírte, sentirte, hace que solo viva para tí,
amo cada momento a tu lado,
se llenan mis pensamientos de emoción al solo pensar en amarte,
el posible momento en que al unir nuestros cuerpos se fundan en un sólido
    bloque,
en el que nada los separe,
hará el de mí el vivir solo para tí,
solo para tu amor,
déjame vivir amándote cada momento de tu pasión, de tus deseos, de tus
    emociones, de tus sueños,
déjame hacerte sentir la fortaleza del amor que por tí yo siento,
déjame vivir eternamente para tí.

109. ¿CONTROLARNOS? 09-15-09

Teniendo el universo por límite,
¿Cómo puede uno ser tan ciego?
Y dejarse dominar por la soberbia, la ambición de poder,
y de riquezas que muchas veces son mal habidas,
cuando se nos ha creado tanto,
que con solo olvidarnos de nuestra maldad,
podríamos disfrutar todos de una buena forma de vivir,
si tomáramos conciencia que traer hijos al mundo sin control,
nos está destruyendo por la falta de recursos para sostener tanta gente,
cómo entendernos cuando se nos dio el poder de la inteligencia y la sabiduría,
para entender que el mundo tiene límites, que no podemos acabarlo,
que si nosotros nos controláramos,
podríamos tener más paz y mejores alimentos,
que nuestra desmedida ambición solo nos provoca derroche y desgaste de
    tantos recursos naturales,
y si al tener conciencia de que este mundo es de todos,
la vida de todos sería más fácil,
maravilloso ha de ser el tener una sola forma de vida,
con la que se acabaría el hambre, la pobreza y tantos males de la humanidad,
compartamos el mayor dicho que la humanidad tiene,
amaos los unos a los otros, pero con sabiduría y control.

110. ¿AMOR O MALDAD? 09-16-09

Me envolviste en una nube,
encubriste mi vida con tu sin igual belleza,
hiciste de mi vida se convirtiera todo a tu alrededor,
poco a poco fuiste envolviéndome con tus besos y caricias,
poco a poco fuiste envenenando mi vida con tu veneno,
ya que te encubriste perfectamente, para que tu maldad se escondiese,
y sin que lo sintiera fuiste destruyendo todo en mí,
empezaste a devorarme todo lo que había creado,
tu ambición nunca tuvo límites,
la ansiedad por las riquezas era lo único que alumbraba tu vida,
no entendías lo que era amar, ternura, eran palabras mudas para tí,
mi vida la convertiste en una porquería,
nada ni nadie empezó a acercarse a mí,
todos comprendían tu maldad,
de la que yo ciego en la nube que me envolvió, no podía ver,
y ahora cuando tu veneno ha terminado conmigo, me abandonaste,
dejaste que me destruyeran, nada te importó,
actuaste con tanta frialdad, que ni los muertos tienen,
como fuí tan estúpido de no darme cuenta que tu belleza ocultaba tanta maldad,
y hoy que el tiempo ha pasado en el que me sembraste en el dolor la ruina y la
    miseria,
me pregunto por qué puede el enamorarse uno, cegarlo tanto,
y sobre todo ante una alma como la tuya, que solo maldad lleva en ella.

111. ¿CÓMO VER LA MUERTE? 09-18-09

Nadie puede ver la muerte como realmente es,
y es hasta que se ve envuelto uno en la tragedia de la muerte,
que quizás se pueda comprender lo que significa,
pero como comprender la angustia tan grande que se siente,
cuando es cerca o te va a tocar a tí,
¿Cómo encontrar la razón de haber vivido?
Al sentirse que se está viviendo y llegar a encontrarse con la muerte,
quizás casi nadie lo entienda,
y casi todos se expresan con indiferencia hacia el dolor que se siente cuando la
    muerte le toca a alguien cercano,
la muerte está ahí y no queremos verla,
porque siempre tenemos tanto porque luchar,
o porqué construir en nuestras vidas,
tantas metas que cumplir que no tenemos tiempo de pensar en la muerte,
porque el miedo que da al sentirla tan cerca aterra,
¿Cómo ver la vida cuando la amenaza es ya latente?,
cuando ha caído sobre tí, todo se rompe, las ilusiones, los sueños, las emociones,
¿Se empieza realmente a apreciar la vida?
Porque es hasta que la muerte te toca que empiezas a ver y comprender el
    vivir,
ya que no quieres irte, quieres seguir apreciando y disfrutando de lo que la vida
    te da,
pero cuando la muerte te ha tocado es cuando nos preguntamos,
¿Quien realmente va expresar pesar cuando la muerte se le acerca a uno?
Quizás realmente nadie,
y solo la tristeza, la frustración le embargará a uno,
tal vez el solo querer morir en silencio y sin dolor posiblemente será el único
    deseo que le acompañe a uno.

112. ¿AVANZAR? 09-20-09

El ver como en el mundo todo continúa viviendo, que nada se detiene,
el que todos siguen su curso, como el mundo a través del espacio,
mientras yo me he detenido en esta desesperación que me produjo la incapacidad
    física,
que sumido en mí angustia y mis penas no encuentro salida,
se me enseñó en la juventud a enfrentar cualquier obstáculo,
pero las circunstancias ahogan, ya que por más esfuerzos la lucha parece en
    vano,
pelea uno solo sin armas contra ejércitos de gente sin compasión que lo aplastan
    a uno sin misericordia,
toda esperanza de avanzar te la destruyen porque eres un incapacitado,
el saber que nadie piensa como uno,
que no hay nadie en el mundo que sienta amor por uno, destruye toda
    esperanza,
yo pregunto ¿es acaso la imagen, la suerte, las ideas?
Quien lo puede saber cuando nadie te da una respuesta,
y solo se siente un gran vacío,
una enorme soledad en la que no se encuentra alivio,
sientes que no vives en el mundo,
que aun caminando entre ellos es como si fuera uno un fantasma,
si hablas nadie te escucha,
si pides nadie te da,
si ofreces a nadie le interesa,
si a la suerte juegas todo lo pierdes,
si rezas se siente que el cielo tampoco te escucha,
por lo que hoy recordando a quien las palabras de Dios expresaba,
a su Santidad Juan Pablo II a quien nadie debiéramos molestar por nuestra
    maldad,
quizás al invocarlo orando a Dios interceda por uno,
y así pueda uno seguir en la lucha como todos y con algo mejor para vivir

113. AMOR INOLVIDABLE 09-20-09

En el atardecer con el cielo nublado y con la lluvia cayendo,
y con los rayos del sol a lo lejos entre las nubes,
con ese maravilloso marco caminabas y cuando te vi. tu sonrisa atrajo mi mente,
naciendo en ese momento un amor con tanta fuerza entre los dos que venció
    todo en mi,
mis espacios se empezaron a llenar con tu amor,
verte rodeada de aquel esplendor que tenía tu alma hechizó mi vida,
hechizaste mi mundo haciéndolo tuyo,
poco a poco me empezaste a enamorar,
y en aquellas tardes que de amor llenabas mis espacios,
todo se volvió el mayor mundo de amor, pasión, entrega, dicha, deseo,
con tu entrega barriste toda mi amargura, mis penas se diluyeron como en el
    agua,
tu amor lo llenó todo,
sin palabras me dejabas a cada momento que disfruté de tu amor,
el volver a tí cada momento me llenaba de todo,
el oír tu voz diciéndome cuanto me amabas llenó mis oídos como música del
    cielo,
el tenerte en mis brazos gozando de tus caricias y de esa entrega tuya tan sincera,
una entrega total apasionada y sin límites ni condiciones,
como olvidarte si fuiste el amor más sincero, incondicional,
poemas de amor salieron de tus labios cuando nos amábamos,
y por eso en cada atardecer de mi vida en medio de los árboles cuando la lluvia
    cae sobre mi cara,
mis pensamientos vuelan hacia aquellos momentos de tu amor,
a ese amor tan inolvidable como nadie supo dármelo.

114. TU ODIO   09-20-09

Deja de hablarme que con tu indiferencia y tu odio,
han hecho de mi vida una pesadilla,
ya no quiero escuchar a quien solo ha envenenado mi alma,
todo lo convertiste en una pesadilla,
deja ya de rogarme, olvídate de mí,
tú solo me usaste con toda tu maldad,
déjame, que el escucharte es amargar más mi vida,
en tí solo encontré insultos, pleitos, reproches, desamor, odios, rencores y tantas
    maldades,
amargaste cada momento que a tu lado viví,
ya que solo dolor y sufrimiento encontré a tu lado,
en un tormento sin fin convertiste mi vida,
vida de la que ya quiero despertar y olvidar,
despertar en ese azul del cielo donde todo se renueva,
volver a sentir a la alegría de vivir un nuevo día,
un nuevo día en el que encontraré la paz que tanto anhelo,
quiero ver en cada flor, en cada esquina o donde la encuentre,
si donde se encuentre esa esperanza que día a día buscamos en la lucha por la
    felicidad,
en mi alma siempre hubo bondad, amor, alegría de vivir, deseos de dar y
    recibir,
pero de tí solo recibí la malo de este mundo,
por favor aléjate, busca si no tu felicidad, si a quien le puedas seguir alimentando
    con tu odio a la vida.

115. ¿RENOVAR O MORIR? 09-21-09

Se estremecen mis sentimientos cuando la lluvia nos atrapa,
porque como en una tormenta en que todo se ve oscuro y triste así se ve mi
vida,
las palabras de ternura que alimentaba mis días se acabaron,
las sonrisas que a diario recibía también se esfumaron,
hoy quisiera realimentar mis pensamientos como la lluvia realimenta la tierra,
porque después de la tormenta todo parece revivir en la tierra,
y aunque algunas veces deslava las montañas así siento deslavar todo lo negro
de mi vida,
las malas pasiones, los amores frustrados, las lágrimas por el desamor el odio y
de tantas malas experiencias en el amor,
quiero volver a sentir la alegría del amor, volverme a enamorar de la vida,
sentir en el corazón cada nota musical que me llegue al alma,
cantar cada canción que resalte los valores de un nuevo amanecer,
ver la maravilla de unos ojos que muestren amor y pasión,
sentir el calor de una nueva pasión ardiente y sensual,
pero donde podré volver a vivirlo si el tiempo ha deslavado también mi vida,
ya que al verme el rostro veo los años que sobre mi han caído,
todo me hace pensar y sentir que solo la tristeza invadirá mi vida,
que nada encontraré después de esa tormenta que ha invadido mi vida,
pero la fe quizás moverá las cosas y retornará algo de lo anhelado,
y si de morir se tratara para revivir lo tan deseado, estaré listo.

116. TE DEFRAUDE 09-24-09

Me arrojaste de tu vida,
tiraste hasta lo más hondo todo el amor que te tenía,
en ese precipicio por donde me arrojaste se estrellaron todas mis ilusiones,
la vida en mí se ha perdido en la oscuridad de ese precipicio,
el solo pensar en hacerte creer nuevamente en mí,
será como querer escalar en donde he caído con las manos,
en donde las paredes son tan lisas que nadie las puede escalar,
así me parece el volverte a hacer pensar en mí,
nunca pensé que mis actos te defraudarían,
sé que actué como un niño,
pero si pudieses perdonar un poco mi inmadurez,
entonces posiblemente mi vida pueda mejorarse un poco,
sé que mis promesas nunca las creerás,
pero le pido a Dios su perdón y el tuyo,
mi vida sin tí siento que no tendrá sentido,
no sé como pude hacerte sentir para que me arrojaras de tu vida,
cuando por fin había encontrado la dicha y la felicidad a tu lado,
me siento perdido y ya nada me alienta,
solo el luchar por tu perdón quizás renazca mis ilusiones,
porque solo a tu lado sé que la vida tendrá sentido para mi,
perdón es lo único que te pido . . .

117. ALGUIEN COMO TU   09-25-09

Tu hermosura penetra por cada poro de mi piel,
haciendo que a cada instante mí pasión y mi amor por tí se multipliquen,
como se multiplica la espuma del mar con las olas,
como no desearte, como no pensar a cada momento en tí,
tu rostro tan hermoso como el de una reina,
hace de mí el pensar a cada momento en tus ojos,
tus labios, tu rostro entero,
fascinando a mis pensamientos que no puedo hacer más que soñar en tí,
es en esa forma de depositar tus labios en los míos que prende en mí todo,
tu figura esculpida por Dios hace que vea en tí a la mujer más hermosa, excitante
     y de ensueño,
haciendo de mis pensamientos y de mí felicidad no tenga límites a tu lado,
todo lo que ideé, soñé, imaginé lo encuentro en tí,
tu voz, tu sonrisa, tu forma de mirar, de caminar, eres todo un sueño hecho a
     la perfección,
no cabe en mí duda alguna eres el amor de mis sueños hecho realidad,
solo te pido, te ruego ámame como yo te amo a tí,
y no dejes que la adversidad destruya este amor que entre los dos nació.

118. BELLEZA PERFECTA   09-25-09

En ti, y en tu intimidad todo es un espectáculo de amor y pasión como nunca
   imaginé,
cualquier lugar se vuelve el marco perfecto a tu belleza,
nada se compara cuando a tus ojos los enciende la ternura y el amor,
su color es de lo más bello de tu mirada,
y cuando nuestros labios se unen en un beso es la comunión de nuestras
   almas,
el saber que tú me amas hace de mí que todo vibre en mí y provoca que mis
   nervios se estremezcan,
tú siempre serás primero en mi corazón, en mi vida, en mis pensamientos,
todos mis sentimientos son hacia tí,
porque nada es más importante que tú,
tu corazón mantiene mi vida latiendo a tu lado,
como lo más sublime y maravilloso que se pueda amar o pensar,
por lo que cuando a tu lado no me encuentro solo vivo extrañándote,
si todos esos momentos que con tu amor me has dedicado,
todo el peso que mi vida traía tú lo aligeraste con tu ternura,
y hoy mi vida es tan ligera como tú,
vivir a tu lado es vivir ante la mujer más deseada, leal abierta, clara en sus
   sentimientos,
solo el miedo a perderte me aterra,
por lo que solo puedo vivir amándote

119. ¿MENTIRA O VERDAD? 09-29-09

¿Cómo encontrar la verdad?
cuando la mentira prevalece sobre las promesas,
cuando la mentira prevalece sobre el amor,
cuando la mentira prevalece en la corrupción,
cuando la mentira prevalece sobre el robo, la estafa, el fraude,
cuando la mentira prevalece sobre las promesas del cónyuge infiel,
cuando la mentira prevalece ante las palabras de un adicto a las drogas,
cuando la mentira prevalece ante la falsedad del amor de los hijos,
cuando la mentira prevalece ante las promesas de los gerentes para darles mejores empleos a su gente,
cuando la mentira prevalece ante las palabras de las empresas por beneficiar a la gente,
cuando la mentira prevalece ante las promesas de los médicos de aliviar a los pacientes y no de enriquecerse con ellos,
cuando la mentira prevalece ante las palabras de un delincuente quien pide perdón,
cuando la mentira prevalece cuando a Dios le prometemos no pecar más,
y de cuantas mentiras que diariamente y a cada momento decimos por protegernos de nuestros delitos o pecados,
¿cuándo prevalecerá la verdad, o en qué manera se puede aprender a hablar con la verdad y no con mentiras en todos nuestros actos?
tanto la gente común como los políticos, empresarios, médicos y tantas profesiones que se usan para estafar, defraudar, engañar etc.

120. ¿ORO O PIEDRA? 09-29-09

La ternura de tus caricias, el calor de tu amor, las palabras con las que encendías
  mis sentidos,
todo hizo de mí que cayera en ese profundo abismo de tu amor,
con ese algo misterioso con que me envolviste,
despertaste en mí tantas emociones que a la vez con tristeza,
había algo que en conjunto con tu amor hacía que se ensombreciera tu amor,
y sin darme cuenta, hoy que en este profundo abismo en que me encuentro,
que es la forma de describir este amor que por tí brotó en mí,
y que hoy ante tu abandono, tus mentiras y tu falsedad,
se han resaltado hoy en mí el recuerdo de tu belleza,
que con tus tiernas caricias tu entrega amorosa solo se adornaban con una gran
  falsedad,
ya que la mentira y la intriga fueron tu mejor arma,
con la cuales supiste envolverme en tu falso amor,
hoy que todo se acabó entre nosotros,
solo el desaliento, le deseseperación, y mis sueños desgarrados,
junto con la tristeza es todo lo que me acompaña,
eras tan falsa como una moneda cubierta solo en su exterior por oro,
pero por dentro solo una piedra es.

121. RUEGOS POR MI MADRE 10-03-09

En la espera de tu cirugía me remonto a lo más profundo de mis recuerdos,
y cerrando los ojos puedo sentir tu calor, tu voz cantándonos,
parece que es realmente donde sentado en la mesa espero,
aquellas palabras de aliento, a tus bendiciones, tus consejos,
ese amor maternal que siempre nos diste,
y aunque yo te siento cerca de mí por mis pensamientos,
el dolor que te aqueja nos martiriza,
porque es sentir que nada podemos hacer por aliviar tu dolor,
y que para mí la adversidad me relega a la distancia y nada parece arreglarse,
de tal manera que pueda salir para ir a tu lado,
y aunque mis ruegos son porque sea pasajero tu dolor,
le pido a Dios una oportunidad para verte,
ya que aunque sé que la decisión mía fué la de alejarme,
siempre he estado de tu mano porque ni la distancia ni el tiempo han podido
    separarme de tí siempre estaré a tu lado,
como no he de pensar en todo el amor que nos diste,
cada segundo marcó mi vida.

122. LAGRIMAS EN EL ALMA 10-03-09

Me llora el alma al solo pensar y recordar los momentos tan maravilloso que vivimos,

recordar como las melodías, el lugar, la emoción, tu compañía, la gente todo adornó para hacer maravillosos esos momentos,

solo puedo decir que me llora el alma al pensar que no estamos en esos lugares,

cuando la vida nos cantó, nos ilusionó, nos dio tanta dicha y amor,

y hoy que pareciera que es tiempo de partir, para mí siento que es de revivir todo lo que vivimos,

que tan sin iguales esos momentos que es tan difícil de volverlos a vivir,

porque la vida siendo tan difícil quisiera vivir en esos momentos eternamente en que tanto amor brotó entre los dos,

sentirte tan mía, tan infinitamente adorable y cuando solo amor recibo de tí,

que es por lo que no puedo dejar que pase ni un minuto sin tenerte como en aquellos momentos,

por que sin tí siento que me llora el alma,

al escuchar las melodías que nos enternecieron tan hondamente, todo se vuelve recuerdos de amor,

mi mente vive en esos momentos a cada instante,

solo te pido no dejar que la tristeza nos invada por olvidarnos del intenso amor que nos nació a los dos,

déjame encontrar el camino que nos vuelva a llevar a vivir tan emocionantes momentos y poderlos hacer eternos,

que si no las lágrimas me invadirán y el alma me llorará eternamente.

123. A GABY ADELE 10-17-09

En la ternura de tus lágrimas,
en esa tierna mirada tuya,
conmueve el alma de quienes tenemos la dicha de amarte,
la composición de tus palabras hace resaltar la magia del entendimiento del
    amor que profesas,
expresas tus sentimientos y haces que las lágrimas y la misma alegría en nuestras
    almas brote,
y así nos haga temblar en la emoción que de ellos expresas con tanta verdad con
    que los demuestras,
eres el matiz que le da color a nuestras vidas,
tu inocencia transforma nuestros sentidos,
y nos hace buscar solo en tí el amor,
eres un ser que del cielo nos lo han mandado,
para llenar nuestras vidas de sueños, ilusiones, amor y esperanza,
doblegas nuestras almas al brindarnos tus enseñanzas,
que solo llenas de amor y verdad encierran,
amarte a tí será la mayor devoción que en la vida tendremos,
adorar cada parte de tí será venerar la vida que tú nos prodigas,
no termines de amarnos porque la vida se volverá triste y gris,
nada renacerá sin tu imagen,
la melodía que adorna tu vida por más que se repita nos alegrará el vivir y nunca
    nos cansará.

124. ¿ENTENDI? 10-26-09

¿Cómo entender la muerte?
cuando no se ha entendido la vida,
a cada paso que dí nunca supe comprender si era bueno o malo,
siempre parecía que todo lo hice equivocadamente,
nunca agradé con mis actos,
nunca logré buenas calificaciones,
nunca logré excelentes trabajos,
y si fue un buen trabajo siempre resultó que era mal pagado,
siempre respeté las leyes o reglamentos mientras que todos parecen no
      respetarlos,
busqué siempre ser un buen hijo, pero nunca lo parecí,
busqué ser un buen compañero, acabé peleando con todos,
quise ser militar, acabé despedido por no ser excelente estudiante,
quise mantenerme sano con ejercicio, acabé en las manos de los Doctores con
      un sin fin de enfermedades,
quise ser un buen esposo, acabé sin entender el amor conyugal,
quise ser un buen padre, acabé siendo criticado en todo por mis hijas,
quise ser un buen vecino, acabé peleándome con todos,
quise ser un buen empresario, acabé en bancarrota,
quise hacer tantas cosas, y todo ha parecido una equivocación,
quise demostrar mi experiencia en los trabajos, resultó que nadie me escuchó,
quise vivir muchos años, pero parece que no he entendido a la muerte, quien
      no avisa cuando llega.

125. ¿DEJARTE PARTIR? 10-29-09

¿Cómo aceptar que he de dejarte partir?
¿Cómo aceptar que en la soledad he de quedar?
No, no, para mí tu amor es y será eterno,
nada podrá remplazar el amor que siento por tí,
y si solo he de quedar porque mañana has de partir,
solo quedaré por siempre,
tu amor ha llenado cada instante de mi vida,
y se llenó cada pasaje de la vida a tu lado de ese amor ilimitado que solo tú me
    diste,
y al ver que has de partir,
mi tristeza nunca tendrá límite,
y si en la soledad me dejas,
solo la muerte aliviará y llenará esta soledad,
la que tú me has impuesto con tu partida,
me diste la luz en la oscuridad de mi vida,
me cobijaste dándome tu calor en el frío o la lluvia,
alimentaste mi alma y mi cuerpo,
velaste cada momento mi sueño,
¿Cómo puedes pedirme que acepte tu partida?

126. ¿TRISTEZA O VACIO? 11-14-09

Cuánta tristeza puede embargar el alma,
cuando te das cuenta que ya no estás en tu tiempo,
en aquel en que todo era emoción, alegrías, aventuras viajes,
y vivías con las personas que adornaban tu mundo,
entonando canciones que formaban el marco perfecto a tu vida,
perfecto sí, porque te llenabas de amor, de sueños e ilusiones,
y que en muchas ocasiones se hicieron realidad,
pero hoy el vacío, la ausencia, la muerte, la soledad que encuentras,
todo lo que en tu tiempo fue tan grande para tí y los que te rodearon,
todo se ha ido,
ya que hoy es tan difícil encontrar esas emociones que te inspiraron a tanta
     felicidad y a la vez tristeza,
¿Y cómo? Cómo encontrarte nuevamente en aquel mundo tan maravilloso en
     que vivías,
Aquel en que construías, creabas, ilusionabas y había tantas aventuras que hoy
     no hay,
hoy solo lágrimas en el alma,
hoy solo recuerdos de las grandes emociones, los grandes amores, los grandes
     días,
todo para tí es solo recuerdos en tu vejez.

127. SOMBRAS Y DESTINO 12-10-09

Me llena de tristeza ver que no puedo engrandecer mi ser,
que todo se vuelve obstáculo tras obstáculo,
se frustran mis ilusiones al no encontrar la luz,
esa luz que te ilumina como si viniera del cielo,
que a muchos los ilumina llenándolos de alegría y progreso,
quisiera construir y cambiar tantas cosas,
pero mi vida se frustra en la oscuridad que me ha tendido mi destino,
un destino que unas veces ensombreció mi vida,
y en otras cuando parecía que la luz me iluminaba,
las sombras volvían envolviéndome en la tristeza de nuevo,
como quisiera encontrar una vez más en la fe que me iluminó cuando niño,
que llegó a iluminarme y me hizo vivir en la felicidad que me daban los sueños
    que de niño nacieron en mí,
y que a la vez me hicieron tratar de convertirlos en realidad,
realidad que en algunos momentos fue tan cruel,
y en otras tan infinitamente gloriosas que me hacía pensar en que podía
    engrandecer mi vida o mi alma,
pero hoy ante tantos logros y a la vez fracasos me llenó de tristeza al ver que no,
    no engrandecí mi vida,
que siempre la finqué en sueños y que todo pareció que viví en mis propias
    fantasías,
pero nunca en la realidad.

128. TU TIEMPO 12-11-09

No, no puedo resignarme cuando me dices que es tu momento,
sé que la mejor forma de aceptarlo es pensando en los mejores momentos que
    vivimos,
en cada uno de esos hermosos días vividos a tu lado,
porque en el despertar de mi vida estuviste tú,
en los momentos de dolor, tristeza, alegría estuviste tú,
cuando triunfé o fracasé estuviste tú,
cuando soñaba en grandes éxitos estuviste tú,
cada momento de amor u odio estuviste tú,
siempre atrás en mis pensamientos estuviste tú,
cada segundo de mí vida en mis sombras o en mis momentos iluminados atrás
    estuviste tú,
en mis pensamientos cuando vivía momentos de amor o tristeza estabas tú,
y aunque ahora piense que viviendo con lo mejor de tí en mis recuerdos te
    tendré viva en mí,
no, no creo poder aceptar tu partida,
ya que en mi camino, atrás siempre estas tu con esa magia que siempre te
    acompaño,
y yo no quiero quemar en mi mente los recuerdos de tí,
quiero incendiarlos con nuevas luces que los iluminen con tu presencia,
porque en mí siempre estás tú,
Mamá soy tu producto, sin tí ¿cómo podré ser?
La música siempre te acompañó en mis recuerdos,
hoy dulces melodías acompañan mis esperanzas de tenerte un poco más,
sí, en donde siempre estuviste en mí, atrás de mí,
déjame encarar esa inmensidad de tu amor por mí al haberme creado,
es muy difícil aceptar ahora tus palabras,
porque para mí tu tiempo es eterno,
y con tu ayuda caminaremos juntos en la eternidad como nos hiciste caminar
    en este tu mundo.

129. SIN DUDAS EN EL CORAZON 12-21-09

Cómo podrás entender cuánto te he amado,
cuánto tu ser, tu aroma, tu piel se han filtrado en mí,
nunca fue fácil amarte pero lo hice con toda el alma,
cada instante de nuestros días en mí mente estabas tú,
nunca hubo dudas en mi corazón,
pero sí un enorme dolor que me laceraba al ver que tú no creías en el amor que
    por tí sentía,
pero creo que esa lucha constante en la que no dabas paz,
era lo que me hacía amarte más,
sentir el calor de tu cuerpo alimento mí corazón a amarte sobre tu indiferencia,
siempre estuviste a mi lado,
pero siempre me hiciste sentir tu ausencia,
amarte era una guerra constante,
pero de cada momento en que sentí la intensidad de la dicha que sentía al
    amarte,
me coronaba un nuevo lazo que me hacía amarte más y más,
hoy son tantos los lazos que te unen a mí,
que el amor que en un momento de nuestras vidas brotó en mí,
con tanta intensidad que a través de tantos años y tantos lazos,
siento que el paraíso de mi vida está en el enorme amor que siento, sentí y
    sentiré por toda la eternidad por tí,
que la muerte me lleve,
pero me llevará amándote con toda el alma.

130. PATRIA MIA 12-27-09

Sin dudar, sin temor y con valor,
debemos encauzar nuestras vidas por el bien de la Patria,
si noblemente nos ha regalado la vida en sus suelos,
nuestras vidas dedicadas a su perfección será poco lo que ofrendaremos,
por eso Patria mía, mi vida te doy,
mi lucha por merecerme un lugar en las páginas de tu historia,
será a lo que debo dedicar mis esfuerzos,
que para ser parte de ella sea en el bien tuyo,
no debo desestimar ni un segundo de mi vida para luchar por tu Soberanía y
    tu Libertad,
toda mi vida la debo dedicar a ello,
tu superación serán mis metas,
solo en tu suelo pueden brotar las semillas de la lucha por erradicar la injusticia,
la maldad, la tiranía, la delincuencia, la miseria y tantos males que te aquejan,
de tus suelos hemos de brotar para luchar por ti Patria mía,
que si mi sangre se ha de derramar sea para defenderte y engrandecerte en tu
    Libertad y tu bienestar.

131. TU ROSTRO 12-28-09

En la semblanza de tu rostro,
contemplo los matices que tu corazón expresan,
al pensar en ellos reflejas la armonía y la grandiosidad de tu alma,
ya que en su fondo se refleja una forma intensa de amar,
la determinación de tus sentimientos dá a entender cuánto se puede amar a un
    ser como tú,
que encanta con sus palabras el alma de uno,
en la profundidad de tí hay un ser capaz de engrandecer la alegría de vivir
    amando,
cada segundo de tu existencia adornas la tristeza con tu sonrisa,
haciendo desaparecer cualquier momento de tragedia, enojo o dolor,
solo tú embelleces cada rincón de mi alma,
recuerdas en mí con la dulzura de tus ojos cuánto hay que luchar por nuestra
    felicidad,
y lo impulsas a uno a superar cualquier obstáculo,
ni en la oscuridad puede dejar de brillar la grandeza de la luz de tu alma,
de tus labios solo brotan gotas y ríos de amor,
y en la inmensidad del amor sé que solo a tí he de amar hasta lo más lejano de
    mi vida,
aquí y en la eternidad,
mi corazón se estremece tan solo pensar en tí,
solo tú sabes inducirme por el camino de tu gloria,
amarte es sentir el alma llorar de emoción y el placer que se puede sentir,
porque al amarte solo una vida puede existir,
contigo se olvida todo pesar y solo felicidad y realidad se puede sentir al vivir
    a tu lado,
las tristezas y el dolor son para los demás, no para nosotros.

132. PERDÓN HIJA TE IMPLORO 12-31-09

Cuánta tristeza llena mi alma hoy,
tanto luché por ganarme un lugar en tu corazón,
yo que te amé tanto por ser una parte de mí,
como las demás partes de mi alma que la vida me dio,
y en especial a tí que por errores míos traté de luchar por remediar el daño que
    te hice,
pero por más que luché por darte todo lo que necesitabas,
nada logré,
y hoy el puñal que clavaste en mí destroza mi alma cada día,
si fracasos tuve, ninguno como el de haberme ganado tu rencor,
por lo que hoy solo puedo pedirle a Dios que te ilumine,
y que además te llene de bendiciones y de amor,
que son lo que más deseo para tí y para todas mis hijas,
perdón hija mía, no supe ganarme un lugar en tu corazón.

133. TU RECUERDO
ALEGRE 12-22-09

Cada momento viene a mi mente tu recuerdo,
y de cada uno brota de mí las lágrimas,
porque cada mañana al pensar cuanto alegraste mi vida,
y que hoy aún en la claridad de cada día solo tristeza y llanto brota de mí,
pues solo recuerdos de lo que ya nada será vienen a mí,
pues sé que te fuiste que volaste a la eternidad,
que me abandonaste en el dolor de tu ausencia,
y hoy cuando escucho melodías que adornaron nuestras vidas,
el recordar como vibraban en mi corazón cada nota musical que a tu lado
    bailé,
o que a tu lado soñé amándote me hacen sumirme hoy en la tristeza,
los celos de los demás brotaban al ver cuánto me amabas,
en la vida a tu lado no había un adiós,
ni un hasta luego, te uniste a mi alma y solo te veía a tí,
nunca me mentiste al decirme cuánto me amaste,
pero tú partiste sin decirme adiós,
y eso ha traído a mi alma el consuelo y la esperanza de que nunca me dejaste.

134. TU 12-23-09

Hablar de tí es expresar grandeza infinita,
es llenarse el corazón de emoción,
porque en tí se puede encontrar,
el valor de vivir, de amar, de soñar,
hablar de tí es mencionar las voces del cielo,
en tu saber descubres las dudas que a la mente atormentan,
ya que tú llevas la sabiduría de un ser angelical,
hablar de tí es como contar cada gota de agua del mar,
son tantos los conocimientos que tu alma lleva que lo llenas a uno de paz,
todo lo que le trasmites a uno solo en la gloria se puede encontrar,
no puedo pensar ni un momento en perderte,
la grandeza de nuestras almas está en tu saber,
propicias la calma y la alegría de nuestra mente y espíritu con tu voz,
tu voz es el sonido musical que nos hechiza para pensar siempre en el bien,
para que nos lleve a la vida con Dios.

135. ¿ENGRANES? 01-01-10

En el engranaje de la vida que nos permite vivir, lo puedo definir así,

los buenos sentimientos que se reciben son como los engranes más finos y de
excelente calidad,

ya que es así como se puede continuar viviendo,

pero cuando esos sentimientos son como el odio, el desamor, la ingratitud, la
maldad,

es cuando se dice que han sido fabricados con los dientes rotos y de malos
materiales que al caminar se quiebran,

por lo que al tratar de engranarse obstruyen la continuación de la vida y nos
detienen,

por lo que en la mayoría de las veces terminan con nuestras vidas,

por eso siento que en mi vida mis engranes fueron de materiales muy finos,

me permitieron vivir la mayor parte de mi vida en la felicidad, el amor, el éxito
y muchas cosas grandiosas,

pero si hubo otros tantos que obstruyeron mi porvenir creando en mí el
desconcierto,

y que muchas veces casi equivoqué el camino,

ese camino que nos lleva a un final si no feliz sí satisfactorio,

por eso puedo darles gracias a los que en la mayor parte de mi vida incrustaron
sus finos engranes en el desarrollo de mi vida,

ya que fueron sus buenos sentimientos los que me expresaron y me dieron.

136. PELEAR TU AMOR 01-10-10

Sé cuánto te cansan mis palabras,
pero mi destino fue el amarte como el ser más grandioso de mi vida,
la risa invadió mi vida al conocerte,
ya que la alegría que tu ser contagia es enorme,
encontrar en tí el camino a tus sentimientos ha sido mi mayor esfuerzo,
pelear con mis mejores poemas ante tí,
para lograr que te enamores de mí,
porque el solo conocerte se me enamoró el corazón por tí,
y no debe ser ni la tragedia ni el dolor lo que enmarque nuestras vidas,
porque al amarnos podremos encontrar el hechizo que produce el amarse
    intensamente,
al entregarte mi ser, mis pensamientos mi cuerpo y mi vida misma,
será con el único fin de encauzar tu vida en la felicidad,
ríe conmigo, ámame como yo te amo a tí,
que la vida nos espera y quizás hasta la eternidad nos lleve juntos.

137. ILUMINAR LA MENTE 01-11-10

Dios enciende la luz de la composición en mí,
dame la gracia de recibir en la mente las palabras que seduzcan en el amor,
como seduce nuestros corazones la Fé en Tí,
haz brotar en mí las palabras que emocionen,
palabras que conquisten el alma y la mente de mis semejantes,
crea en mí la sabiduría que me haga crear en mi mente los arreglos amorosos
    que cautiven almas,
que me permitan llevarlas a tu palabra,
como lo has hecho conmigo,
deja que brote en mí la riqueza de sentimientos que motiven a la bondad, el
    perdón, el amor, la sensibilidad hacia el dolor ajeno,
dale la luz a mis pensamientos,
para encontrar esos poemas que ensalzan la vida como lo hacen las creencias
    en tí,
dale el color a mis pensamientos,
como le diste los colores y matices a tantas flores,
haz que mis palabras suenen como una composición de amor,
como las grandes sinfonías que por la mente de grandes músicos trasmitiste,
déjame ser un ángel más de tu cielo,
y así poderme convertir en un vocero más de tu palabra con mis pensamientos.

138. IMAGINANDO AMAR   01-14-10

Bailar en los salones del Palacio de mi imaginación deleita mis sentidos,
la música suena en mi mente,
y en mi imaginación brilla la silueta hermosa de una mujer,
que al bailar junto a mí con mi uniforme naval,
hace que mis sueños se vuelquen en una sinfonía de amor imperecedera,
y al bailar por todo el Palacio nos envuelve en el amor,
los acordes de la música invoca a la sensibilidad de nuestras almas,
y la pasión nos hace bailar con tanta entrega,
que el amor nos funde en una sola figura al compás de la música,
dando los pasos firmes que la vida nos requiere para amarnos,
y toda una obra musical nos envuelve,
dándole a mi imaginación el vuelo al igual que las notas de la música,
elevando mi alma al paraíso de un amor sin igual,
porque en la música y los sueños no existe realidad,
todo se envuelve en la fantasía del amor eterno,
baila, baila conmigo que así podremos vivir eternamente en el amor.

139. ¿VALIA? 01-15-10

Por fin te has dado cuenta de cuánto valgo,
por fin vez que la gente que me rodeó me apreciaba,
que valía tanto para ellos,
mientras que para tí yo era basura,
por fin ves en mí la gran vida que te ofrecí y que siempre despreciaste,
yo me di siempre un gran valor,
siempre pensé en valer más que el oro,
pero para tí siempre fui una basura,
hoy que demuestro cuánto se puede vencer la maldad con la bondad,
hoy si te das cuenta de cuánto valían mis propósitos por realizar una gran vida
       constructiva,
pero que tú siempre menospreciaste,
siempre me sentí en la oscuridad a tu lado,
cuando todo mundo me veía en la intensidad de la luz que me rodeaba,
todos entendían cuanto podía construir en el bien de todos pero que tu maldecías,
no había música en tus oídos que te hicieran sentir lo que a mis sentimientos
       me hacían sentir o soñar,
¿Qué tenía yo a tu lado cuando lleno de amor veía en tí lo más maravilloso de
un ser? Mientras que tú siempre veías en mí a la basura y que para mi yo no
era,
mientras que en el mundo en el que trabajé me admiraba, para tí nada significaba,
mundo al que poco a poco me fuí alejando porque tú no creías en nada de mí,
pero hoy que casi la muerte me acosa es cuando te das cuenta de cuánto valía,
¡Pero qué tarde es ya hoy para los dos! Pues ya casi nada queda de mí.

140. TE FUISTE 01-15-10

Las voces de la tristeza tocan ahora en mi alma,
ya no te tengo, ya no te veo,
el mundo que nos rodeó de amor, hoy sin ti se ha vuelto gris y sombrío,
reinó en nuestros corazones tanta dicha,
porque en cada día había una muestra de amor en nuestros corazones,
solo pensábamos en aumentar nuestros sueños,
sueños que poco a poco fuimos aumentando y realizando,
pero cuando llevábamos tanto realizado la muerte te separó de mí,
y hoy solo pienso en el legado que debo dejar de acuerdo a tus deseos,
ya que tú llenaste mi vida de tantas enseñanzas que es imposible describirlas
    por tantas que me enseñaste,
construiste toda una fortaleza para proteger nuestro amor y nuestra felicidad,
compartiste tantas innovaciones que hiciste de nuestras vidas una lucha
    constante,
pero sobre todo por dejar a los demás tu ejemplo de amor y vida,
no hubo frío, dolor, enfermedad, miseria, o problemas a los que tú siempre
    reparaste o confortaste,
tu vida nos llenó de tanta sabiduría que me falta papel y vida para describirla,
por eso siento que a mi alma toca la tristeza,
porque tú ya no estás,
pero la alegría que supiste infundar en mí me hace transformar esa tristeza en
    lucha por vivir feliz al tratar de alcanzarte.

141. A TU LADO   01-16-10

Con la ternura de tus palabras,
se han engrandecido mis sentimientos,
haces que tiemble de emoción al pensar en el amor que me ofreces,
toda la maravilla que puedo encontrar en tus ardientes labios,
es precisamente el mayor tesoro que en tí encuentro,
pensar en todas la noches que podré fundir mi amor en tu sensual pasión,
se vierte en mí la ansiedad como una tormenta al esperar que mis sueños se
        realicen,
siempre anhelé amar con toda intensidad,
pero has sido tú la que has hecho vibrar en mí el corazón,
tus palabras suenan como un canto,
la vida se forma con tanta luz a tu lado,
que toda tristeza que en mi alma hubiera, ha desaparecido,
en el color de tus ojos se ha estampado el cielo,
para así dar en tí la belleza de una mirada celestial que enciende y conforta mi
        ser,
como no he de amarte a cada instante que a tu lado me encuentre,
las melodías a tu lado suenan como voces del cielo,
Impulsándome a amarte con toda mi pasión.
no puedo pensar en otra forma eres tú a quien el cielo ha mandado a mi vida,
pues sé que ahorita son tiempos de sacrificio y valor,
y al apoyar mis sentimientos en ti la vida en mi se ilumina.

142. EGOISMO   01-17-10

Tu egoísmo no tiene límites,
es tan doloroso para mí ver la aridez de tus sentimientos,
no sabes proveer amor, cariño, comprensión, dulzura, bondad,
solo vives envidiando lo que los demás tienen,
solo criticas, pero tú nunca te criticas a tí mismo,
te sientes el ser más perfecto del mundo,
como poder entenderte si no das pie a paz o amor,
vamos canta, baila, habla,
haz otra cosa deja tu egoísmo,
mantén tu rumbo en la comprensión hacia los demás,
fija tus metas en dar y recibir,
que de esa manera todos te darán,
no permitas que tu egoísmo cierre las puertas de tu vida,
en el egoísmo con que te expresas solo desprecios verás,
dale un cambio a tu vida, que la felicidad te pude estar esperando

143. SUEÑOS
INALCANZABLES 01-19-10

Sueños inalcanzables que se forman en la mente y el corazón,
sueños que deseas lleguen a realizarse para alcanzar el amor, la ilusión de vivir
con armonía, salud, riquezas, tantas cosas que alimenten la felicidad,
sueños que nos puedan llevar a alcanzar las más caras metas en esta vida,
que completen una gran satisfacción de haber vivido con plenitud,
de haber disfrutado el haber estado en los más bellos lugares del mundo,
entonar las más bellas melodías que endulcen tu vivir,
sueños con poder amar con todo el deseo al encontrar el verdadero amor,
sueños que te permitan convertirlos en felicidad ante un amor correspondido,
soñar, soñar con imposibles es lo que ha tornado mi alma en el sufrir,
porque al vivir en la absurda realidad de un mundo real y alcanzable en todas
    sus tragedias y sufrimientos casi ha destruido mis sueños,
es por eso que pongo mi ilusión porque al vivir se pueda encubrir la realidad,
cubrirla con los sueños de una felicidad que parece inalcanzable,
pero que es lo mejor de los sueños inalcanzables que se puede ofrecer con toda
    el alma,
un sueño de vida que para uno sea lo inalcanzable pero encubierto ante la
    absurda realidad de vivir,
se pueda convertir en la mayor felicidad en esta vida.

144. TODA UNA VIDA DE AMOR 01-20-10

En la belleza de tu cuerpo veo reflejada toda una vida de amor y tiernos cuidados,
la belleza de tu rostro refleja todo un mundo de amor y gratitud hacia la vida
y a Dios,
en la hermosura de tu voz se reflejan los cantos que con amor te crearon,
en la belleza de tus sentimientos se refleja toda una lucha por inspirar los más
bellos valores,
en la grandiosidad de tus ideas se refleja todo un mundo de grandes enseñanzas,
en la suavidad con que te muestras se refleja toda una vida de dulces cuidados,
por lo que a Dios le pido me dé la grandeza para pagar con amor y dicha a tí
por todo lo que a esos seres les debo por traerte al mundo,
que han hecho de tí un ser angelical,
un ser digno de poner a sus pies una gloria entera,
porque es lo que para tí esperaron que se te diera esos seres tan maravillosos
que te trajeron y te crearon con tanto amor.

145. NIÑOS EN
TRAGEDIAS 01-20-10

Paso a paso y ante las lágrimas de sus pequeños ojos,
y en la profundidad de su inmensa tragedia,
el ver una catástrofe de esa magnitud con que ha destrozado tantos niños,
me rompe el corazón en pedazos,
porque ¿Cómo ayudar a quien todo lo ha perdido?
¿Orar, enviar ayuda? ¿Qué?
Cuando vemos como se desprenden esas lágrimas de esos seres tan pequeños
    y ahora huérfanos,
quienes en su llanto todo se ha vuelto dolor,
a quienes con tanto amor y cariño sus padres les tenían,
¿Cómo aceptar esta impotencia que el mundo les da?
El dolor y llanto de esos niños es lo más doloroso que se puede ver,
¿Cómo podemos ser tan egoístas al ver tanto sufrimiento?
Cuando se pudo evitar en algo lo que hoy es tanta destrucción,
hoy se quiere reconstruir lo que se dejó construir en la miseria,
¿Por qué hemos de continuar construyendo con la pobreza?
Cuando se debería cuantificar los riesgos y así construir un mundo más
    previsible de tragedias,
no puede el mundo seguir construyendo "getos"
donde la miseria va a encadenar más tragedias por nuestra negligencia.

146. TRABADO   01-21-10

El verbo lo provoca el verso
si, para convertir el verbo en versos,
verbos que enamoren, duelan, motiven, amen, canten,
por lo que el verbo se arme en frases,
frases que al unirlas me provoquen a reconstruir mis versos,
porque el verbo no se arma en mis frases para componer versos,
lo que provoca en mi mente buscar verbos,
verbos que si puedan convertirse en versos,
y estos a la vez poemas,
poemas quizás de amor,
quizás de tristezas,
¿Cómo saber cuando los verbos se conviertan en las frases que quiero?
Si no sé cómo usar los verbos porque todo se confunde en mi con versos y
    verbos,

147. AUSENCIA 02-01-10

La muerte te llevó de mí lo sé,
pero cómo cuantificar tu ausencia
valorar cada instante de vida que me diste me falta memoria,
fueron tantos que en la cuenta no hay espacio para todos,
significaste tanto en la felicidad de mi vida,
que no puedo alcanzar nada ahora de lo tanto que de tí recibí,
como poder comparar si solo contigo encontré el amor,
tu muerte es el pesar más grande en la angustia de mí vivir,
nadie cómo tú me ha dado el valor que en tu mente forjaste de mí,
mil y una noches de amor y pasión recibí de tí,
cómo describir hoy lo que por tí sentí,
sí, no hay en mí ni la menor duda,
contigo nació y murió el amor para mí,
de tí recibí el más caro tesoro que se puede recibir en vida,
el ver en mí como lo más grande que a tu vida llegó,
por eso no puedo decir más que desde que partiste,
solo la muerte llenará el vacío que tu amor y tu alma dejó en mí con tu partida.

148. BENDITA SEAS 02-02-10

Caíste en mi vida como un rayo de luz,
tus virtudes iluminaron mi tristeza,
y hoy eres el centro de mi inspiración,
amarte cada instante de mi vida será mi pasión,
no puedo más que inspirarme en la grandeza de tu amor,
Benditos los que te crearon,
porque ellos supieron formar un verdadero ser lleno de bondades,
inspirarme en tí es florecer toda la alegría en mí ser,
brotan toda clase de ideas, ilusiones, sentimientos,
todo, todo lo que pueda inspirar una felicidad imperecedera,
a tu lado los malos tiempos se pueden enfrentar como en el mar las tormentas,
a tu lado siempre vendrá la calma y la luz,
a tu lado la oscuridad del pasado tenebroso y triste se borran con tu sonrisa,
amarte sí debe ser la mejor luz que encamine mi vida,
solo espero que en la vida el amor a tu lado sea eterno,
pues en tí mi alma ha comulgado para recibir la sangre y el cuerpo de un ser
    angelical como eres tú.

149. ¿QUÉ ES AHORA? 02-04-10

¿Cómo voltear hacia el cielo cuando la luz de la luna nos ilumina en todo su
  esplendor?
qué te lleva a pensar que vives en otro espacio,
que al ver al cielo y las estrellas sientes que estás viviendo en tu pasado,
¿Cómo aceptar que todo ha cambiado?
Que ya no estás viviendo en tu felicidad,
que aunque estás rodeado de un completo silencio,
todo te hace pensar estar en otro tiempo creyendo que sigues viviendo en tus
  fantasías,
pero la realidad vuelve a tí con el frío de la noche,
y aunque el esplendor del cielo en la noche te lleva a la nostalgia,
a la vez, recrudece tu martirio al ver que ya nada es igual,
al pensar y recordar aquella sensación al amar,
y que sentías que todo tu ser se transportaba al infinito,
pero hoy por más dulces melodías,
o por más brillante que la luna te ilumine,
nada hace sentir en tí la alegría de amar,
amar como en aquellas noches en que todo fue amor y vida,
y que hoy es solo vacío,
¿Cómo iluminar ahora mi vida?
Cuando la noche de mi vida me ha envuelto y solo la nostalgia vive en mi
  corazón,
mi mente está ya tan vacía que solo un nuevo amanecer,
quizás en otra vida devuelva a mi alma la alegría.

150. DUDAS DE AMOR 02-05-10

¿Son acaso tus desprecios los que golpean mi espíritu?
Mi alma está tan adolorida,
Que es difícil para mí descifrar que hay en tí,
¿Si amor o maldad?
Tus palabras nunca tienen ese sonido que me indique claridad en ellas,
todo en tí es confusión
¿Cómo amar a quien de dudas llena tu corazón?
Pero en mi, el amor fue ciego.
ciego hasta que tus desprecios comenzaron a lacerar mi corazón,
las heridas que produjeron en mi me han hecho ver con claridad,
pues a cada paso tenía que adivinar en tus palabras la realidad de tu espíritu,
pero fue tanta tu belleza que siempre empañaba mi vista,
y así no podía ver lo que en el fondo tú eras,
y hoy que las heridas han destrozado mi alma,
la ceguera empieza a desaparecer,
hoy al verte, la maldad en tí se ve claramente,
pero hoy que puedo decir que te amo tanto,
me empieza a pesar tu maldad y siento que he de morir en tus brazos,
porque es así el amor que por tí profesé,
y que debe ser hasta la eternidad.

151. ALEGRIA 02-06-10

Brinca, brinca corazón,
que la alegría ha llegado a mi vida,
el encanto de vivir a plenitud se ha realizado,
sí, porque todos mis sueños se realizan uno a uno,
canto de alegría pues la realidad se ha desbordado en mí,
me entregaste tu amor sin condiciones,
todo, todo lo que había anhelado se cumplió para mí,
al hablarte y conocerte fueron los pasos que di,
y que me llevaron a la dicha de encontrar tu alma tan amorosa,
tus ojos llenaron de luz mi vida,
hoy sin tí la vida se vuelve triste y vacía,
tú lo llenas todo con tu dulzura y tu pasión
por eso me repito una y otra vez la felicidad con tu amor llegó a mi vida,
y con tu felicidad llegó para anidar en mi corazón.

152. ¿PRETENDER? 02-07-10

¿Cómo pretender que exija a tu alma amor?
cuando en tus ideas solamente existe el rencor,
cómo pretender que me ames cuando yo nunca te he amado,
pero es para mí el mayor anhelo que si nunca deposité una muestra de amor
    por tí,
hoy sí, hoy quiero empezar a labrar en tu corazón las ideas que hagan renacer
    en tí el amor,
quiero caminar por esos espacios que para mi estuvieron llenos de desesperación
    y depresión,
pero hoy quiero llenarlos con tus palabras, con tus sentimientos,
que hoy he visto cuanto pueden abrazar mi alma en el amor,
hoy si puedo ver que las luces en el túnel de la depresión y la soledad eras tú,
que todo el rencor que sentías era por mi frialdad y mi torpeza al vivir sin
    amor,
del que todo, todo yo era el culpable,
perdón, déjame, llegar nuevamente a despertar en tí cada uno de los sentimientos
    que siempre expresaste y que yo tontamente desprecié,
hoy si quiero bailar en el final de nuestras vidas contigo en la que estés llena de
    amor y no de rencor por mí.

153. CANSANCIO 02-08-10

Cuánto cansancio hay hoy en mi mente,
tanto viaje con mi imaginación creando mundos,
mundos llenos de ensueño,
donde el amor, el cariño, la amistad, la felicidad, todo prevalecía,
donde mi imaginación creó el amor perfecto y eterno,
donde subí tantos peldaños que me llenaban de orgullo,
si porque eran las metas que me había forjado en la vida,
donde me imaginé tantas veces en los enormes palacios,
donde me recibían como la grandeza que me sentía,
donde marché al frente de los más gloriosos ejércitos como su principal
    comandante,
donde canté como el más grande tenor del mundo,
donde todas las naciones me reconocían como su salvador,
donde pude viajar por cada planeta del universo,
donde siempre estuve rodeado de esplendor y música,
donde la salud de mi mente y mi cuerpo no tenían ni la más mínima enfermedad,
por eso hoy me siento tan cansado,
porque es precisamente donde me he encontrado toda mi vida,
solo soñando donde nada o casi nada hice de todo lo que imaginé.

154. TENER UN BELLO
DIA 02-09-10

¿Cómo? Como provocar y enternecer tu alma,
cuando puedes con tu alma tocar el paraíso,
cuando las lágrimas que del alma brotan ante tanta tragedia,
ante tanta tristeza,
rodeados estamos de angustias y dolor,
ante una vida que no nos pertenece,
y vivir sin ilusiones es llenar el corazón de tristeza,
donde el llanto trata de mitigar el dolor de la soledad,
no dejes que el vacío de tus sentimientos invada tu corazón,
piensa en que podemos tener un bello día,
un día donde brille la alegría de vivir,
y no la oscuridad de un día triste y lluvioso,
como los que han dañado la felicidad de tantos seres,
llena tu alma del brillo solar,
llénala de amor y sé libre,
libre de vivir cantándole a la vida,
que la muerte siempre nos esperará,
pero que nunca debemos provocar su ingreso a nosotros.

155. ¿A QUIEN AME? 02-11-10

¿Cómo puedo pretender ver a quien pude haber amado?
Pero que el destino quiso apartarnos,
que quizás hasta la muerte se haya apoderado de su ser,
por eso siento ver a mi alrededor brillos que parecen figuras,
como si se tratara de seres celestiales por sus colores blanco y oro,
pareciera que se reflejaran los rayos del sol o no sé si son ellas,
su impresión en mi es tan inexplicable que me siento rodeado de luz,
la sensación de sentir el amor sin tener a nadie a mi alrededor,
pero sí, como si fuesen cientos de almas las que me siguen,
pero que no puedo decirles nada tan solo que hay amor en mí también,
porque inundan de paz mi alma al sentir lo inexplicable que es como siento,
amar a quien no veo pero que si siento,
Es la sensación más infinita que puedo expresar,
¿O que quizás es porque la muerte acecha ya mi vida?
Nada como el sentirse rodeado de seres que parecieran fantasmas,
pero que te llenan de amor y paz,
¿Qué es esta nueva impresión que llega a mi corazón?
¿Será por eso que siempre queremos ver los rostros de quienes se fueron?
Pero que al morir todos se vuelven figuras celestiales llenas de amor,
¿Será esa la forma de morir?
Porque si así es la muerte, he de esperarla con todo el amor que aprendí en esta
    vida.

156. TUS VALORES 02-12-10

No puedes dejar que la vida arrebate de tí tus sentimientos,
ni tampoco puedes dejar que la vida destruya el valor que tu corazón tenia,
no te dejes atrapar por el miedo,
deja que el miedo de vivir se vaya a volar como las aves en los bosques,
donde desaparecen con la niebla,
deja que cada día nazca en tí una nueva ilusión por vivir,
dale el valor al pasado y guárdalo con todo el dolor que el alma tiene,
dóblalo en mil partes y archívalo,
ve ahora hacia el futuro con todas tus energías,
ve con valor lo que te espera,
que lo que has sufrido será poco,
y hoy tendrás que enfrentar todo con el rostro al frente,
la vida no es eterna ni el dolor tampoco,
pero la eternidad para nuestras almas sí, y nos esta esperando,
corre o camina adelante que pronto lo lograras.

157. ¿ME GANE EL AMOR? 02-13-10

¿Cómo podré desterrar la angustia que me produce la soledad?
Cuando a cada día se suma una partida más de alguien a quien he amado,
cuando no puedo encontrar consuelo,
ni tampoco ese calor que a mi alma me daban,
cuando me rodean solo recuerdos,
cuando la tristeza de cada rincón me marca el intenso vacío que han dejado
    quienes se fueron,
nada puede ya llenar mis espacios porque nunca supe amar,
todo lo convertí en dolor y discusión.
hoy quiero llenar de amor, calor y compañía mi vida,
¿Pero de quien si no supe sembrar amor?
¿Cómo puedo pretender desterrar de mi alma la soledad?
Si no aprendí a conservar la amistad y el amor de los demás,
si solo di frialdad, desinterés, indiferencia y dolor a los demás,
y hoy pretendo refugiarme en el amor de los demás,
cuando no supe ganármelo,
La soledad está tan bien ganada para mí que no puedo reprochar nada,
hoy debo callar mi tristeza con las notas musicales que puedan inspirar dulces
    recuerdos,
porque solo recuerdos fueron los que poco a poco quedaron para mí,
ya que en la vida se debe sembrar amor con amor para recibir amor eternamente,
hoy tengo lo que merezco,
a quien siempre busque con mi forma de ser,
a soledad que es la única que me podrá amar con mi forma de ser.

158. TU GRANDEZA 02-14-10

Me voy a apoderar de tu alma y tu corazón,
ya que la pureza y la claridad de tus sentimientos con que hablas,
despierta en mí el deseo de purificar y dignificar mi vida,
la grandeza de tu nobleza enaltece mis sentimientos,
mi alma destruida por la maldad y el pecado te necesita,
en tí encuentro la paz, el amor puro que mi alma ha necesitado,
siempre me rodee de seres sin sentimientos ni amor,
en tí se refleja toda una inmensidad de ilusiones por amar,
mientras que en mí todo fue odiar, pecar,
hoy encuentro en tí la dulzura de un alma como ninguna en el mundo,
tus enseñanzas han cambiado el rumbo de mi destino,
sin saber que hacia me perdía en la maldad,
hoy encuentro caminos llenos de sabiduría en tus palabras,
son la mejor guía a mis sentimientos y a mis pasos,
en la grandeza de tu pensamiento se encuentra una inmensa imaginación,
en la que todo lo adornas como si fuera el paraíso al vivir con tu amor.
Bendito el día que te conocí, pues contigo se abrieron las puertas del cielo para
    mí.
las flores más hermosas nacen por tus manos ya que todo lo que tocas lo
    conviertes en vida.

159. TU Y YO 02-15-10

Yo no sé tú,
pero yo debo volver a nacer,
necesito desterrar de mí, mi maldad, mi egoísmo, mi ira, mi violencia,
necesito volver a empezar a dar nuevos pasos,
que me enseñen la bondad, la paciencia, la armonía,
tantas virtudes que un alma como la tuya lleva,
la mía está tan golpeada, tan maldecida,
que necesito volver a nacer.
para encontrar también esa forma de alcanzar tus sueños,
mientras que de cada sueño mío lo interpretan como pesadilla,
ver como a cada día descubres tantas maravillas con que conquistas al mundo,
ver como la gente te sigue con tanto amor,
cuando a mí a cada día crece el odio, el deseo de los demás porque me pudra,
ver que a cada palabra tuya la gente te admira,
cuando a cada palabra mía la gente me rechaza más.
en verdad que aun volviendo a nacer,
no sé si mi alma alcance tu grandeza.

160. CAMINOS A TI 02-15-10

No sabes cuánto deseo encontrar el camino que me lleve a tí,

Mi devoción a tu amor me ha hecho cambiar todos mis caminos, anhelos, ilusiones,

Hoy solo puedo pensar en tí,

No puedo dejar de sentirte junto a mi alma,

Tú eres el todo de mi vida,

Tú eres solo inspiración de amor y comprensión,

No puedo concebir nada sin tí,

Porque es en la blancura de tus palabras las que reflejan la dulzura de tu vivir,

Nada debe empañar la nobleza de tu amor,

Es solo el ver como se esfuerza tu alma por la perfección la que la hace enamorable,

Tu espiritualidad se refleja en tu pureza,

Como no ha de amarte uno cuando te envuelves en tanta belleza,

Porque eres la representación de la perfección que solo en tus palabras se encuentra,

Eres un libro de enseñanzas donde enalteces los valores morales, éticos y tantos otros indescriptibles,

Solo en tu suelo patria mía se puede encontrar tanta fortaleza,

Amarte, respetarte, idealizarte, defenderte, valorarte, es quizás la mayor prueba del amor que te tengo,

Nada ni nadie ha podido cambiar la imagen que de tí me forjé,

En tus entrañas se encuentran mis raíces que me hacen amarte con toda humildad,

Porque eres para mí como la mujer más bella que me puede prodigar amor en todo el universo,

México de mis amores llévame a tí déjame morir en tu suelo y tus valores.

161. EN EL INFINITO 02-17-10

Mandaste mis pensamientos al infinito,
heridos, sangrando y adoloridos,
para que se pierdan en ese infinito donde nadie los escuche,
tu maldad no tuvo límites,
a tí solo te importó las riquezas, los lujos, los viajes,
todo aquello que te hiciera sentir la reina del mundo,
a estúpidos románticos como yo, te estorbaban,
por eso destruiste en mí cuanto pensaba tiernamente,
solo sonidos de metales preciosos eran los únicos que te interesaban,
nunca palabras de amor, ni melodías románticas,
basura eran en tus oídos,
basura eran para tus ojos todo aquello que no fuera oro,
como desear que pudiese enternecer tu corazón,
si únicamente te funcionaba para darte vida,
pero por supuesto nunca para amar,
pensar que hubiese alma en tí, era un enigma que solo se podía comprar,
para amar, solo escuchaste el sonido de las monedas,
eso era lo que en tí despertaba pasión deseo, sexo pero nunca amor o ternura,
alma, corazón, y cuerpo eran los productos que tu ser vendía por oro pero
    nunca por amor.

162. SENSACIONES 02-18-10

No es la sensación de amar,
no es la sensación de tristeza,
no es tampoco la sensación de orar,
no es tampoco la sensación de oír voces,
no es la sensación de bailar,
ni la de correr, ni la del dolor,
es tan solo la sensación que te da el vivir,
vivir en un mundo tan espectacular,
tan iluminado por la mano del Creador,
que día a día nos muestra su grandeza en la vida misma de todas sus especies,
yo no necesito decirle cuanto le agradezco por esta maravillosa aventura que le
    dio a mi alma,
Él lo sabe,
el poder contemplar la vida y la muerte y apreciarlas con toda su magnitud,
el haberme dado la oportunidad de voltear al cielo,
saber que existe todo un maravilloso Universo,
Gracias, gracias por todo lo que en la vida tuve,
por lo que en la muerte me espere.

163. OCTUBRE 1967

La profundidad de tu mirar penetró en mí con tal intensidad,
que desde ese momento mi alma te perteneció,
tus ojos realizaron la grandiosa ilusión de amarte a cada instante,
el hipnotismo que produjo tu mirar a mi mente la esclavizó,
para servirte con amor y dedicación por siempre,
nada puedo ya concebir en el universo sin el dulce mirar de tus ojos,
porque engrandecen cualquier pedazo del cielo o la tierra,
para darle el toque de paraíso a cada pedazo que veo,
cuando tu voz sonó en mis oídos fue como una orden,
pero tan angelical rodeada de melodías,
que hoy sin el sonido de tu voz toda melodía me parece tu voz,
amarte a tí es expresar el sentido de vivir y morir,
porque en cada entrega de tu amor me hace sentir vivir intensamente,
y al término de tu entrega es morir en tus brazos,
sí, en la espera de una nueva orden,
orden que de los labios de tu amor me indique el vivir solo para tí,
porque en cada amanecer en tus ojos se refleja la grandiosidad de la vida,
y en cada atardecer tus ojos me indican el camino que con tu amor me ha de
    proteger,

164. ESCALONES 02-20-10

Como escalar un sin fin de escalones ha sido mi vivir,
porque en cada escalón se juntó tanto trabajo, desgracias, alegrías,
que describir cada uno es y será tan pesado como los escalones de una montaña,
porque en cada uno de los escalones sufrí tantos problemas, tantas decepciones,
que fue como subir hacia la montaña más alta con escalones,
por lo que en cada uno también sentí pánico de seguir subiendo,
era vivir sin amor, sin recursos, solo en medio de un mundo cruel,
un mundo incapaz de ayudar, un mundo incapaz de dar compasión
porque te marcan como parte de un sistema
un sistema en el que el que quiera subir le cueste, porque así es el sistema
    establecido,
en nada hay compasión, debe uno subir cada escalón por alto que esté, solo,
solo por sus propios medios y que a veces ni los padres te ayudan,
porque así son los sistemas en que todos han vivido,
y nadie tiene porque ayudar,
te marcan el que quiera algo que le cueste,
pero no solo costarte algo sino muchas veces hasta la vida misma,
por eso hoy que siento el publicar mis pensamientos siento escalar el universo,
porque sin la ayuda de nadie mi mente se trasladó a la cima del mundo

165. PALABRAS DE UN
CAPITULO 02-21-10

Ponerle brillo a las palabras cuando encierran tanta tristeza,
no, no puedo iluminarlas con nada,
especialmente para que puedan tener el impacto en tu corazón,
son tan vacías, tan melancólicas que pareciera que llevaran solo lágrimas,
porque es así como lo encuentro, al no tener nunca más la dulzura de tu alma,
un alma llena de vida, que se ha perdido en el infinito,
y es por eso que no encuentro el talento que tú misma encontraste en mí,
mi mente se ha vaciado,
no puedo hoy más que llorar tu partida,
la igualaste a la caída del otoño,
dejando entrar a nuestros corazones el crudo invierno,
tan gélido como han quedado nuestras almas con tu partida,
tú hablaste siempre con calor y alegría, emocionabas al escucharte,
y hoy nos pides desde el cielo que te recordemos con la igualdad, como cuando
    vivías,
¿Pero cómo? si no tenemos tu calor, nada se iguala a tu alegría,
¿Cómo encontrar nuevamente una primavera?
Como la que tú le dabas a todo lo que te rodeaba,
eras la fuente mayor de nuestras vidas,
hoy solo somos un capítulo más que tendrá que cerrar con tu recuerdo cualquier
    síntoma de amor.

166. ¿ENAMORADO?

Sí, estoy enamorado pero solo de imposibles,
eso fue lo que realmente recibí de tí,
dudas, incertidumbre, indiferencia malos tratos,
pero yo sin embargo, abrigué el enamorarme de tí,
sí, porque tu belleza cautivó mis sentidos,
tus formas de ser me hicieron sentir cuanto se podría amarte,
y como despreciar esa oportunidad de poder amar a alguien como tú,
era imposible, día a día la sed por tu amor crecía,
tus ojos llenos de juventud y encanto confundieron mi vida,
era imposible no pensar en tí a cada momento,
sin embargo la dureza de tu indiferencia empezó a lastimar mis ideas de amarte,
¿Cómo lograr entenderte? cuando me hiciste sentir la basura que era para tí,
¿Cómo engrandecer un amor fincado en solo una parte?
Pues era solo yo quien amaba,
y solo confusión se apoderó de mi alma,
tus desprecios llenaron mi corazón realizando lo que tú más deseabas,
sí, el odiarte, el decirme a mí mismo que fue un sueño,
sí, el querer amar a quien se volvió un ser despreciable ante el rencor que cultivó
   por mí,

167. YO, Y MI VIDA 02-22-10

Como poder expresar tanto que en la vida tuve sin tener que callar,
cada instante de mi vida fue ver tantas cosas hermosas,
tantos espectaculares atardeceres, noches llenas de misticismo,
y que decir de todas esas mujeres que cruzaron por mi camino dejando en mi
    mente tantos sueños y fantasías,
aventuras que unas veces se cumplieron y otras quedaron en mi imaginación,
al escuchar todas esas melodías que adornaron mi vida inspirando tantos sueños,
y si porque muchas veces quedaron en mi mente para no dañar a quien tanto
    amé,
tantas culpas sobre pecados que de hecho cometí y otros que en mi mente
    forjé,
porque fue tan difícil para mí abstenerme ante tantas bellezas de no gozarlas ya
    fuera solo en mi mente,
porque como un enamorado de la vida siento que me ha faltado tanto por
    realizar,
que precisamente por desear hacer tanto en la vida fracasé en muchos de mis
    sueños,
y que hoy pienso que si le hubiese dedicado más formalidad a mis asignaciones
    mi pregunta es ¿Si la vida hubiese sido como lo fue para mí, que al vivirla
    con esa formalidad sería igual?
Responderme va a ser la incógnita de mí final para morir,
porque aunque envidié a aquellos que junto a mi empezamos tanto y hoy a
    algunos los veo realizados en lo que nos propusimos pero que yo no llegué
    a las metas trazadas,
¿Cómo calificarme? si yo mismo pareciera que nunca supe lo que quería,
pero cuando hago el balance de lo vivido si sé que fue mucho lo realizado,
por lo que yo, si le doy las gracias a Dios y a la vida por lo que me dio.

168. ¿CÓMO AMARNOS? 02-25-10

Cómo puedes decir que tengo oportunidades contigo,
si siempre rechazas cada palabra mía,
¿Qué es lo que intentas decir cuando dices?
Toma opciones y alcánzame,
si todo en tí es intrigante,
nunca sé lo que quieres decir en cada palabra,
pareciera que hablamos diferentes idiomas,
tu lenguaje conmigo es corporal,
mientras que en mi son palabras que lleguen a tu corazón,
en tí tus palabras parecen un crucigrama lleno de adivinanzas,
vamos alimenta mí alma con amor y no con señas o murmullos,
exprésame tus opciones y ámame tanto como yo a tí,
porque todo un mundo de dicha nos espera,
y no será mientras no nos comprendamos,
debemos tener las mismas oportunidades de entendernos y amarnos.

169. ¿AMOR? 02-26-10

Haces que mi alma llore y se desgarre en pedazos con tu indiferencia,
pareciera que en tí solo brota maldad,
tus palabras son tan duras y siempre crueles,
nunca encuentro refugio en tí,
solo soy un instrumento en tus manos,
tú satisfaces todos tus caprichos con mi amor dándome solo reproches,
¿Cómo poder sostener este amor que por tí siento?
En tí no hay ternura,
no hay amor,
no hay dulzura,
pareciera que en tí no hay nada,
me reinvento día a día para lograr enternecer tu corazón,
pero tu frialdad lo hace ver como una piedra,
y sí, porque al pulirlo he encontrado que es como el mármol negro,
hermoso pero frío e insensible,
¿Cómo abrir y encontrar en tí el alma hermosa que tu belleza exterior tiene?
Cuando al mar te comparo te encuentro tan igual,
tormentosa, calmada, agitada, tenebrosa e indescifrable,
pero que me hace vivir enamorado de tí,
y aun a pesar de tu gran desamor,
y todo porque de mí no te separas.

170. YO A SUS PIES 02-26-10

La gratitud de ustedes no tiene límites,
el saber que a los pies de ustedes puse todo lo que la vida me dio,
estudios, trabajos, dinero, posición,
todo para mí se me presentó como la más bella de las oportunidades,
para mí la vida fue tan plena,
que al recordar cada instante no logro condensarlo para contarlo,
y todo fue para que los que tanto amé,
llegaran a ser lo que hoy son,
si sé que no llenó todas las expectativas que de mí se esperó,
pero gracias a la vida y a Dios que me dio una vida tan productiva, tan plena,
que sirvió para ser la base del éxito que han tenido los que de mí dependieron,
gracias vida con mi muerte te lo pagaré.

171. ¿QUIÉN FUISTE? 02-28-10

¿Cómo podría definirte?
Cuando has sido como una luz en mi camino,
como esa luz de un faro que te ha de guiar,
así has sido para mi vida la guía de mis torpes pasos,
sin tí todo se vuelve oscuridad y penumbras,
¿Cómo no he de dejarme guiar por un ser tan virtuoso como tú?
Dónde encontrar el camino que por siempre perdí,
cuando te encontré, fuiste encaminando mi vida por rutas,
en la ruta del amor, saber amarte como a nadie,
en la ruta del saber, al estudiar,
en la ruta de los buenos negocios, que solo en tus manos se engrandecían,
las buenas oportunidades, solo se presentaron en mi vida por tu guía,
nunca realicé algo con mérito, hasta que llegaste tú a darle forma a mi vida,
y que decir del amor, fuiste la mejor guía para encaminarme por la felicidad de
    un amor pleno,
mis pasiones las supiste encaminar hasta el mismo sacrificio, pero para salir
    triunfante,
no puedo parar de verte como la gran guía que te volviste en mi vida,
te volviste mis ojos en todo, todo te lo debo a tí,
fuiste, eres y serás la mejor enseñanza que la vida me ha dado.

172. TUS LABIOS 03-02-10

El sabor de tus labios es el sabor del paraíso,
si supieras cuánto te deseo por los encantos que tu alma da,
me he encantado con tu dulzura, y tus expresiones,
llevas la magnitud de un gran corazón enamorado,
y conquistarlo es y será mi mayor obsesión,
porque un amor como el tuyo no se encuentra tan fácil,
saber inspirar sentimientos con la mayor pureza como lo haces tú,
es realmente convencerme que alcanzar tu amor debe ser la mayor ilusión de
    mi vida,
engrandecer tu espíritu con el más grande amor y pasión es la tarea más bella
    que mi alma tiene hoy,
mi misión es tu conquista y nada debe quebrantarla,
porque amarte a tí será la mayor gloria alcanzada en esta vida para mí,
adornar cada espacio por donde tus pies caminen,
llenar de bienestar tu vida será grandioso,
tocar cada parte de tu cuerpo es tocar la más bella sonata de amor,
tu belleza no se limita y continuar en esta lucha por merecerte es lo máximo,
porque una mujer como tú, ninguna en el mundo hay para mi,
engrandeces mis sentidos y el valor de mí mismo con tu amor.

173. ¿MI TIERRA? 03-02-10

Qué grande es la distancia que me separa de mis sueños,
pareciera que vivo en una isla desierta,
todo es tristeza y soledad en estos campos,
parece no brillar el sol,
todo para mí no parece tener sentido,
y es cuando quisiera volar para reencontrarme,
volver a mis paraísos en donde el amor, la alegría, la armonía, es primordial,
allá el canto de los pájaros es tan melodioso,
cuando aquí predominan los cuervos, las aves de rapiña,
y es el lugar donde me he refugiado,
donde solo y triste camino sin la alegría que en mis campos se siente,
cada día busco regresar a donde todo es luz,
encontrar donde crear nuevos poemas,
como antaño lo hacía en mis praderas cuando la música de la misma me
    acompañaba,
hoy ni pensamientos vienen a mi mente,
le puedo llamar la tierra de la desolación y la amargura,
donde el coraje, la rabia, el mal humor todo se encuentra aquí.
¡Oh!, que desesperación tierra mía es no poder volver a tí.

174. EL PAÍS DE LA MALDAD 03-03-10

Como quisiera saber qué será vivir fuera de esto que parece un desierto,
nadie te da amistad,
nadie te habla con amabilidad,
nadie te trata con bondad,
nadie sabe ejercer la caridad,
nadie sabe tampoco que es la honestidad por que no la usan,
nadie te ayuda cuando te caes en cualquier forma,
nadie saber vivir sin violencia,
nadie hay en quien encontrar amor,
nadie parece conocer la ternura,
nadie te brinda compasión,
nadie sabe tratarte como una persona solo eres un numero más,
nadie parece conocer el sentido común,
pareciera que tampoco saben lo que quiere decir usar la verdad,
honradez es otra palabra desconocida aquí,
pareciera que en este desierto solo se bebe el veneno de los animales ponzoñosos,
cómo unir oraciones cuando nadie sabe orar,
y al orar tú para salir de este desierto es tan confuso entre tanta maldad,
que se puede decir, te has de quemar en el ardor de este infernal desierto y
    morir en él.

175. ME VOY   03-04-10

Ya me voy amor mío,
a donde nadie regresa,
me hiciste creer en el amor verdadero,
me hiciste cada espacio de mi vida una emoción,
amarte a tí estuvo lleno de ilusiones y aventuras,
te ví engrandecer cada instante de nuestras vidas,
llenaste con amor y pasión nuestras noches,
haciendo de cada día el engrandecimiento de nuestras almas,
te ví esforzarte como a nadie en la vida para ser un ejemplo de amor y vida,
regaste con amor cada camino por donde nos llevaste para que crecieran las
     flores del paraíso,
rodeaste nuestras vidas de una dulce tranquilidad,
la paz y el amor fueron unas de tus mejores virtudes,
supiste enseñarnos el camino del triunfo y el éxito con tu ejemplo y tus
     enseñanzas,
me voy con la seguridad de que para mí no habrá nadie más que pueda ocupar
     tu lugar en mi alma,
gracias amor mío por tanto que en la vida recibí de tí con tanto amor.

176. ODIO EN TUS OJOS 03-05-10

En tu mirar había tanto odio,
que heriste en mí mis sentimientos,
tu amargura no ha acabado de llenar mi incertidumbre,
porque al no conocer la razón del odio que en el fondo de tu corazón hay,
y que lo llevas tan en tu mirada,
qué no sé cómo podré doblegarte
para así elevar tu espíritu y arrancar de tu alma tanto odio,
pues cómo podré sembrar en tí otros sentimientos,
en que el amor convenza a tu ser de que existen otros caminos,
caminos que no son el odio y el rencor,
que un ser con tanta belleza no puede seguir albergando lo que de niña nunca
    tuvo,
pues yo tengo la seguridad de que tu mirar fue dulce y tierno,
y que en tí tu corazón lo tuvo,
y que debió haber albergado tanto amor e inocencia,
por lo que no puedo creer que tu alma esté hoy cargada de odio y maldad,
no y no podré aceptar que una alma como la tuya no se pueda conquistar con
    amor,
para encontrar ese camino que te haga devolver a tu mente la inocencia de tu
    niñez,
y así devolverle a tu corazón la ternura con que naciste,
dame el don de conquistarte y cambiar tu mirar de odio,
a la del amor tierno como son tus ojos.

177. LA VIDA PARA MI 03-10-10

Como un torrente en cascada,
es como brotan mis sentimientos,
al ver la grandeza de la vida sin límites,
y admirarla es el mayor don que Dios me ha dado,
me lleno de luz y vida con tanta belleza en el mar, la tierra, el aire,
todo es un espectáculo grandioso y fascinante,
la vida y la muerte son como en las sinfonías que en mis oídos suenan,
el mirar cómo nace la vida y como muere,
es el subir y bajar de las notas en armonía,
y toca en mi corazón quien nace y quien muere,
porque al ver nacer una planta, un animal o un ser,
es la mayor sensación de alegría que nos da la vida,
pero en la muerte, el ver morir las plantas deprime,
pero a un ser, o a un animal,
que se mueve que piensa, que habla, que canta, o como le podamos llamar,
es realmente toda una tragedia,
que nos deprime, angustia y nos llena de desolación,
por eso mi corazón se llena de ilusiones al ver vivir,
vida que Dios nos da y que nosotros perdemos,
que el poder alargarla pueda ser la mayor virtud que Dios nos da,
con el pensamiento de crear pero no de destruir.

178. ¿ENCONTRARTE? 03-12-10

¿Cómo encontrarte? Si las nubes empiezan a oscurecer los caminos,
Todo se empieza a volver en penumbras y temor,
el dolor que has dejado en mi alma con tu partida es enorme,
angustia, miedo, dolor, incertidumbre, todo lo malo se ha incrustado en mi
     vida,
pareciera que la hora del silencio ha retumbado en mis oídos,
ya nada ilusiona, ya nada compensa o conforta mi vivir,
tú eras la gloria de mí vivir, y hoy ha desaparecido el azul del cielo para mí,
te alabé tanto que solo en tí finqué mi futuro,
y hoy todo se ha vuelto pasado, por que al no estar tú en mi presente,
solo puedo vivir en el pasado y nunca pensar en el futuro,
melodías que te adornaron hoy son melancolía del pasado,
hoy entiendo cuanto influías en mí con tu valor,
que hoy no tengo para vivir,
a tu lado me enseñaste a enfrentar el dolor y las inclemencias,
pero hoy se me ha olvidado como enfrentarlas sin tí,
vuelve a mí, como vuelve la claridad del cielo después de las tormentas,
déjame volver a vivir en tu regazo, que quizás ahora si pueda aprender de tí,
déjame encontrar a tu lado ese amor y encanto que le encontrabas a la vida,
déjame volver a encontrar el valor para vivir,
y si no, si tu partida es para nunca volver, déjame morir en vida por tí.

179. ¿NIÑES? 03-14-10

Con el canto de las aves, el aire meciendo las plantas,
el sonido de las melodías en el piano,
retintan en mi memoria mi niñez,
momentos aquellos que se llenaban de sueños e ilusiones,
cuando en nuestra niñez la inocencia nos hace ser invencibles,
nos consideramos los grandes conquistadores,
los grandes del mundo seremos, decíamos,
niñez que siempre parece ser acompañada de amor, cuidados, ternura y felicidad,
y aunque hay infinidad de momentos amargos,
siempre nuestros seres amados nos los hacen olvidar,
cuantas maravillas se fincaron en mi memoria,
la inocencia las marcó con el mejor emblema,
soñar con un nuevo amanecer,
para una nueva aventura, un nuevo juego,
siempre es tan hermosa la inocencia de la niñez,
pero que desgraciadamente en la adolescencia se empieza a fulminar,
sí, para convertirnos en lo que de adultos somos,
por eso me pregunto,
¿Por qué tanta maldad y crimen?
Si nunca por nuestras mentes inocentes las tuvimos

180. EN TU REGAZO   03-16-10

Duermo en tu regazo,
siempre pensando si de verdad me amas,
cuando veo tus ojos, tu mirada está siempre pérdida en el horizonte,
haciéndome sentir que estás en otro mundo,
y amarte ha sido mi tormento,
divagas tanto en tu hablar,
que jamás sé si estás amándome u odiándome,
hacer salir de tu corazón tus verdaderos sentimientos es mi lucha,
mi mente siempre está en tí,
mi vida se concentra en tu alrededor,
mis pensamientos solo se guían con tu amor,
pero en esta lucha constante no hay vencedor,
hacer salir de tu corazón una palabra de amor es pedirle al mundo parar,
pero mi gloria está en tus entregas de amor,
silenciosa y apasionada hasta desfallecer,
lo que hace de mí vivir, una esclavitud
diciéndomelo a mí mismo con gritos,
que te importa que te ame o no,
si se entrega a tí como nadie lo ha hecho en tu vida,
por eso como un esclavo sigo durmiendo en tu regazo

181. TU LA ESPECIAL   03-17-10

Cuanta tristeza invade mi mente,
cuando de tí recibí tanto amor,
tu calor, tu cariño, tu dulzura bañó mis días,
hoy solo tengo recuerdos de tan pocos años vívidos a tu lado,
pero hoy también siento que fue una eternidad,
pero el resto de mis días han sido solo en soledad,
y es cuando el frío, la tristeza, la soledad las que bañan mis días,
cómo inspirar en mí la alegría cuando ya tú no estás,
cómo voltear al cielo y pedir vida cuando tú ya no estás,
hoy al cielo le pido bañar mis días de otra forma,
y no de lo que hoy comulgo cada día, a cada instante porque tú ya no estás,
y que no hay paz, ni amor, ni dulzura como cuando tú lo dabas,
tú fuiste tan especial que nada conforta mi vida.

182. POR TI 03-19-10

¿Me inspiras? o me confundes,
Te entregué mi corazón y solo desprecios y dolor recibí de tí,
al cielo volé cuando pensé en amarte,
me sentí iluminado al pensar amarte,
la tristeza y el dolor se diluían al pensar amarte,
yo sí me sentí inspirado en tu amor,
invoqué todos los acordes musicales que encantaran tus oídos,
el solo dejarme llevar por la música al pensar amarte,
me estremecía el alma hasta las lagrimas de emoción,
la luz, los paisajes, las montañas, las nubes,
todo se envolvía en amor al pensar amarte,
bailaban en mi mente las palabras de amor con tu imagen,
pero al pensar amarte no he encontrado en tí el eco para amarme,
son más tus desprecios que palabras de amor,
por eso te pido inspira mi alma para amarte,
que yo si siento el amor en tí y por tí.

183. LA LUZ DE LA LUNA   03-28-10

Con la luz de la luna ilumino mis pensamientos,
donde se vuelcan tantos recuerdos,
caminar con su luz en la oscuridad ilumino siempre mi vida,
hizo de mi vida iluminarse como en el paraíso,
la quietud y la paz que encontré con su luz nunca tuvo incertidumbre,
su reflejo en el agua hizo siempre que mis sentimientos se reflejaran como su
      luz,
nunca hubo temor al caminar bajo su luz,
son pocos los momentos en que su luz brilla por las noches,
pero cuando su luz es intensa por su grandeza,
es cuando funde en el color plateado de su luz mis caminos,
haciéndolos todo un romance,
y el verme iluminado con su luz en el amor,
pienso en la bendición que Dios con su imaginación nos dio,
que es la luna un símbolo de paz, luz y amor.

184. ¿RETOS?   04-01-10

Desesperación, angustia, temor,
es lo que queda cuando se ha fracasado en la vida,
no se tienen alicientes especialmente en la vejez,
y cuando no se logró tener una vida definida, más,
pero todo se puede vencer,
si en cualquier momento se inician nuevas ideas,
por lo que hoy mi vida tiene un enfoque distinto,
hoy es de lucha constante,
hoy es de pensar y crear lo que nunca hice,
hoy sé que a la muerte tengo que retar,
sí retar porque hoy la tengo que demorar,
porque hoy sí hay ilusiones,
porque hoy sí hay grandes sueños,
porque hoy siento que cada instante que viva,
es y debe ser un instante de triunfos,
y quizás ya el amor es pasado,
pero el amor a mis sueños no es pasado,
y hoy tienen que hacerse realidad,
la vejez y la muerte para mi deben esperar.

185. ¿BASURAS O RECUERDOS? 04-10-10

Cuanta tristeza y desilusión haz creado en mí,
el ver que en tí solo hay frialdad,
que tus recuerdos son basura,
que para tí el pasado, pasado es y enterrado está,
no sabes cuánto dolor se siente,
el ver que nada ilusionó tu vida,
que fríamente la viviste,
que el materialismo se fincó más en tu pensamiento y en tu corazón que el
    romance,
¿Entonces cómo puedo amarte?
Si para mí fuiste el centro de mi inspiración,
si para mi tú fuiste el motor que impulsó mi vida,
si para mi cada día vivido a tu lado era una hoja más de grandes recuerdos,
¿Cómo poder aceptar que en ti el amor es cosa ridícula?
Cuando para mí es cosa de poesía, de romance, de pasión, de sueños,
de tantos y tantos momentos imperdurables,
¿Cómo he de amar a una caja de hielo?
Que es como quieres describirte,
yo solo amaré cada momento de mi vida,
porque para mí tu compañía fue eso,
una gran inspiración de amor.

186. ROSAS EN TU
ROSTRO 4-06-10

En la belleza de tus ojos,
se refleja el encanto de tu alma,
adornar tu rostro en rosas le da a tu belleza el encanto de un ángel,
porque a cada momento que a tu lado pasé,
fue siempre una emoción que estremecía mi ser hasta llorar,
las noches heladas las convertías en un sueño de amor con tu calor,
en tus palabras el viento se detenía para escucharse solo la música que tu voz
     producía,
porque eran llenas de amor,
como no revivir cada momento que tu ser llenó mi vida con tu alegría,
vivir cada instante era llenar cada espacio con tu amor,
se iba llenando como una pirámide,
en el que en la cúspide estabas siempre tú,
la frialdad de la nieve que caía por las noches,
con tu amor se derretía toda a nuestro derredor,
hoy no sé amar de otra forma más que la tus enseñanzas me dieron,
solo tú me diste la gloria de vivir amándote,
las rosas si se cristalizaron como la belleza de tu alma,
para nunca dejar de tener la belleza que tu alma tiene.

187. MI TORMENTA 04-18-10

Como en una tormenta has dejado mi corazón con tus desprecios,
Volqué en tí todos mis esfuerzos porque me amaras,
Te elevé tanto porque eras un ser tan especial,
Tu belleza enervaba mis sentidos,
Como a nadie te amé,
consideré que mi amor vencería tu ser,
pero tu fortaleza no permitió entrar mis sentimientos en tu corazón,
en cada momento a tu lado finqué una ilusión por nuestro amor,
pero tu indiferencia ha truncado todas mis expectativas,
y hoy esa indiferencia tuya me ha hundido en esta tormenta,
y todo parece ser que mi desesperación nunca tendrá fin,
mi amor por ti no abre ningún espacio en tu corazón,
¿Cómo dirigir tus ojos tan hermosos hacia mí?
Llené tus pasos de amor y flores del paraíso,
Pero también parece que nada se abre en ti,
Dame un camino para llegar a tu corazón,
No me dejes ahogar en esta tormenta.

188. ¿PERDIDO EN EL ESPACIO? 04-23-10

¿Cómo encontrar consuelo?
ante tanta ignominia,
ante tanta injusticia,
ante tanta maldad,
ante tanto sufrimiento,
¿Cómo encontrar respuestas?
A la irresponsabilidad,
a la corrupción,
a la incultura,
a los crímenes,
a los vicios,
si siempre se me inculcó
en otros caminos,
si siempre se me dio amor,
educación,
valores morales,
odio a los vicios,
y a la maldad,
si se me educó en medios honestos,
con orden,
con buenos modales,
amar a Dios,
amor a los buenos principios,
¿Cómo encontrar ese mundo que parece desvanecerse?
Por la estúpida ambición de seres que nunca debieron haber nacido,
Oh Dios enséñales el camino que a mí me enseñaste,
que yo en cada rincón veo la grandiosidad de tu creación,
la maravilla que en los animales,
en la tierra misma que con sus paisajes,
nos enseña que creaste este mundo para que la vida florezca en paz
Dios dales lo que a mí me diste para amar todo cuanto tu nos creaste.

189. TE AMO A MI
MANERA 04-27-10

Nunca llegué a entender tu forma de amar,
cuando en mí el amor por tí fue tan intenso desde el momento que a tus ojos
   vi,
pero en tí que dijiste amarme, los desprecios, la indiferencia fueron tus mejores
   armas.
porque nuestro amor se volvió una lucha constante,
porque jamás aceptaste culpas,
porque a pesar de tus entregas, tu frialdad prevalecía,
cuando para tí fue cumplir,
para mí fue luchar por tu amor,
porque para mí no había nada comparable a tí,
mi amor por tí fue luchar por tan solo escuchar algo de tí,
fue luchar por darte lo mejor de mí,
cuando de tí solo recibía todo con frialdad,
hoy festejar nuestro amor es pensar en la lucha estéril por tí,
porque mientras para tí era nunca ver una equivocación,
para tí en mí lo era todo para agredirte,
para demostrarte que no era una lucha por amarte,
para tí nunca tuve la razón,
y que siempre me equivoqué al pensar en tu amor,
mientras que para mí nunca hubo mujer como tú,
tú fuiste lo especial, lo único incomparable en este mundo,
mi única lucha fue lograr oír de tus labios "te amo"
pero en esa lucha solo la muerte será la que me de esas palabras,
pues en tí seguirá hasta después de la muerte tus palabras,
"yo te amo a mi manera"

190. A TU DULCE MIRADA   04-27-10

Cuando te volteo a ver bebe,
siento como penetra en mis sentimientos tu mirada,
que parecen decirme,
¿Qué hay para mí?
He venido a este mundo a dar amor,
míralo en mis ojos,
mi mirada te lo dice todo,
estoy en espera de mucho amor, cuidado y ternura,
en mi mirada está la incertidumbre de no haberme equivocado de mundo y de
    tiempo,
¿Verdad que en ustedes está todo lo que busco y espero?
En mi mirada te expreso toda mi ternura y mi amor,
¿Verdad que lo alcanzas a ver?
Dame tus brazos y protege mis pasos que aun soy débil e inexperta,
dale a mi corazón todo el apoyo que necesito,
ve en mis ojos cuanta alegría hay en mi pequeño corazón,
te amo y te lo digo con mi mirada,
y estoy en la espera de que tú también me ames,
velo en mis ojos.

191. ¿INCANSABLE? 4-28-10

La vida es incansable,
pero es uno quien pierde la carrera,
es uno quien es derrotado,
es uno quien no sabe luchar,
es uno quien no entiende las adversidades de la vida,
es uno quien se ahoga en tantos sueños,
es uno quien nunca entiende que la vida es solo un sueño,
si un sueño que muchas veces no es compartido,
es uno quien en la vida se cansa de amar,
porque no siempre se es amado por quien uno ama,
y la vida te cansa porque no logras llegar a tus metas,
porque es uno quien siembra todas sus ilusiones en quien no siempre te ayudará,
por eso la vida te cansa dejándote fallecer en tu camino,
porque en la vida no siempre se aprende a vivirla,
en la vida se llena uno de tantas tragedias y de recuerdos que te hacen cansarte
    más,
y es uno quien siempre pierde la carrera por cargarse de tanto lastre equivocado,
y es uno quien al final pierde su vida,
mientras que la vida sigue en su camino.

192. PRONTO 04-29-10

Pronto he de volver a verte,
volver a llenar mi corazón con tu amor,
pronto llegaré a tu brazos,
y comenzará una nueva vida para los dos,
pronto estaré caminando hacia tí,
y comenzaremos a cimentar nuestros sueños,
porque pronto estaré tan cerca de tí,
que empezaré a perfumar tu vida,
pronto muy pronto me acercaré y podrás percibirme,
ya el camino a tí está abierto,
y podrás abrazarme con todo tu amor,
si, muy pronto mi cuerpo estará listo,
y con ansias infinitas de caminar a tu lado estoy,
muy pronto podré verte como antes,
y podré sentir mi alma vibrar como cuando tú me mirabas,
muy pronto estaré a unos pasos de tí,
y todo volverá a ser como cuando nos amábamos,
muy pronto llegaré a donde tú partiste,
y volveremos a amarnos como antes,
porque pronto mi cuerpo estará llegando a su final,
y entonces será el inicio de lo que me enseñaste,
sí, pronto volveremos a amarnos,
porque eso fue lo que tú me enseñaste,
pero ahora sí, eternamente.

193. ¿AMOR O RABIA? 05-25-10

Como un gran amor te recuerdo,
¿Pero que fui yo para tí?
el ser más odiado,
el que más asco produjo en tí,
el que más te aterró,
al que jamás quisiste,
al que jamás deseaste,
y claro que nunca podría creer que tú me amaste,
sí, fuiste tan sumisa,
algo que nunca podré entender porqué lo hiciste,
tú destruiste cuanta ilusión forjé,
cuanto amor te profesé lo repudiaste con asco,
tus entregas siempre tuvieron la hiel de la rabia que te daba servirme,
me acompañaste en mi vida no por amor o compasión,
sino por la rabia de que no te abandonara,
jamás conocí un pensamiento tuyo,
siempre estuvieron en la nada,
tus lágrimas nunca fueron de tristeza,
sino de impotencia y coraje por no poder deshacerte de mí.

194. ¿PAISANOS?
¿INDOCUMENTADOS?

05-01-10

Ver como miles y miles de paisanos, gente de todos los países del mundo se han volcado a las calles para pedir un estatus migratorio que les permita vivir legalmente en este país y verlos por muchas ciudades de los EEUU hace vibrar y emocionarse hasta las lágrimas.

¿Pero por qué lo hacen?

¿Por qué desean renunciar a sus raíces, a su patria, a su tierra, a su gente?

O porqué han huido de sus países, en donde se ve que sus Gobiernos son apáticos a darles un país próspero, justo, donde los empleos sean bien remunerados, donde tengan las prestaciones que se merecen, que sus familias se desenvuelvan en aéreas limpias, donde se tenga habitación con los servicios elementales, como son luz, agua, drenajes.

Donde sus Gobiernos luchen por sus pueblos y no por su riqueza propia.

Donde el pueblo tenga Justicia verdadera.

Donde no exista corrupción.

Donde se protejan sus derechos civiles.

Donde se estimule el amor a su tierra, a su Patria.

Donde se les eduque dándoles Escuelas y Universidades a las que todos puedan asistir, para que lleguen a ser buenos ciudadanos y buenos profesionistas.

Donde no se les explote en sus trabajos.

Donde no se permita la explotación infantil y de las mujeres.

Donde las oportunidades sean amplias para que la gente prospere.

Donde la distribución de la riqueza sea para todos y no para unos cuantos.

Donde la proliferación de la cultura sea para todos.

¿Entonces porqué renunciar a nuestras raíces?

Si nuestros Gobiernos nos dicen que nos lo dan todo.

195. VAGANDO 05-3-10

Vagué tanto tiempo buscando el amor,
que cuando me encontré en tus brazos,
el mundo lució para mí con todo su esplendor,
y así até mi vida a tu amor,
pero nunca me imaginé encontrar tu traición en lugar de tu amor,
encadenado a tí empecé a conocer tu odio,
y al mundo volví a voltear a buscar una salida a tanto desprecio,
pero al buscar una llave que rompiera mis cadenas,
solo encontré llaves que estaban tan corroídas que se desbarataban,
y las que pudieron abrirlas decían,
que no que nunca fincarían su felicidad en la desgracia de otro ser,
y hoy esas cadenas que me ataron a tí pesan tanto como tu odio y tu asco,
que hoy me pregunto,
¿Por qué atarte a mí si tanto me odiabas?
Pero hoy si sé que te ataste a mí por odio y no por amor,
hoy si sé quien será la única que romperá estas cadenas,
y es quien no se tentará en fincar la desgracia de mí y de quien me rodea,
porque su llave es tan sólida que abre cualquier candado,
y lo abre para la verdadera destrucción de toda ilusión,
la muerte.

196. EN TU VUELO 05-04-10

Cada noche te oigo pasar,
y cada noche me imagino que en tí traes mi felicidad,
pero cada noche el sueño se desbarata con el silencio,
nada llega y nuevamente espero a la noche siguiente,
y nuevamente solo te oigo pasar con tu muy reconocido sonido,
¿Cómo seguir albergando lo que nunca para mí llegará?
La vida para mí siempre la finqué en ilusiones,
pero hoy ya no las encuentro y solo soledad y tristeza me rodea,
solo la música que me envuelve me hace no escucharte,
y así me remonto al tiempo que no se siente,
para consolar mi vida estéril de amor,
árida de triunfos y de satisfacciones,
que son los que noche a noche espero que lleguen a mí,
pero el tiempo se está acumulando y pronto ya no estaré esperándote,
sí, esperándote con tu carga que sé que viene lo que siempre esperé,
pero que nunca fue para mí,
pero como tu vuelo parece eterno,
así creo seguir escuchándote hasta en mi tumba.
siempre trayendo la carga que nunca fue ni será para mí,
porque nunca supe ganármela.

197. GIGANTES   05-04-10

Cuán pequeño me siento,
En este mundo de Gigantes,
Gigantes sí, porque en todo los encuentras,
Gigantes porque ellos manejan las finanzas para estafar bajo la ley,
Gigantes porque ellos controlan las grandes corporaciones para explotar a los
trabajadores,
Gigantes sí, porque a todo ellos siempre tienen la razón para bajo la ley
escudarse en sus operaciones,
Gigantes sí, porque ellos hasta controlan las enfermedades para enriquecerse
siempre bajo la ley,
Gigantes sí, porque hasta los juegos de azar como loterías solo ellos ganan y
parecen manipuladas
Gigantes sí, porque hasta ciudades con toda clase de hoteles y casinos controlan
con grandes ejércitos de gente capaces de controlar todos los juegos de azar,
Gigantes porque hasta la gasolina necesaria para moverte la controlan ellos
para su riqueza,
Gigantes sí, porque ellos colocan a los gobernantes para que les obedezcan en
todo para esclavizar a los pueblos,
Y así podría describir miles de Gigantes que dominan el mundo y a uno lo
hacen ser tan pequeño que nunca puede uno crecer.

198. NADA ES IGUAL   05-06-10

Nunca nada volverá a ser igual,
ya que nunca volveré a ser amado como tú lo hiciste,
la gloria se volcó en mí con tu forma de amar,
en cada instante una ilusión,
en cada momento, una oración expresando amor,
en cada hora, una obra para expresar tu forma de hacer felicidad,
en cada día, una nueva esperanza de luchar por más grandeza,
en cada semana, mejor enseñanza para rodear nuestras vidas en el amor,
en cada mes, nuevos sueños por realizar y consolidar los realizados,
en cada año, fincar en lo sólido el futuro para encontrar siempre alegría y amor,
por eso creo hoy, que nunca volvería amar a alguien tan especial como tú,
que convierte la tristeza o la pobreza en esperanzas por alegría y riquezas,
a tu lado nunca la incertidumbre llegó,
por eso nada será igual sin ti.

199. ¿JOVEN O VIEJO? 05-12-10

Cómo puedo pretender vivir siempre joven,
cuando mi cuerpo se deshace en pedazos,
cómo pretender ser amado como cuando joven,
si la cara se ha llenado de arrugas,
cómo pretender jugar, correr, saltar, bailar,
cuando por tu edad, tu cuerpo se ha tullido,
cómo pretender alcanzar los sueños de juventud,
cuando te estás quedando dormido, pero para siempre,
cómo pretender ser el centro de todos,
cuando nadie soporta tu olor de viejo,
cómo pretender vestirte con elegancia,
cuando tu cuerpo esta tan deforme por la vejez,
entonces pretenderé conquistar el rincón de los recuerdos,
para vivir de ellos mientras me conquista a mí la única que lo podrá hacer,
la muerte, quien nada pretende más que consolidar lo vivido para el recuerdo.

200. ENCUENTRAME 05-11-10

Hazme una señal,
mírame a los ojos,
vierte en ellos tu curiosidad por descubrir lo que hay en los míos,
en los que podrás encontrar toda clase de amor,
no te pierdas,
en mi mirada está lo que siempre has buscado,
te daré tanto que la vida no me alcanzará para llenar tu alma,
que será como si recibieras el cielo mismo,
ven y encuéntrame,
tengo un corazón hambriento de tí,
ven a mí sonriente que la vida nos espera,
para llenarnos de amor y lucha por vivir en el amor,
voltea a mí y encadenemos nuestros destinos,
para que así se conviertan en uno solo,
que nos lleve al paraíso de la vida envuelto en amor,
ven si, convirtamos nuestras vidas en un sueño inimaginable de amor

201. SOLO TU 05-II-10

Solo un llamado tuyo y estaré junto a tí,
porque hoy no tengo que llorar en mi soledad,
hoy te tengo a tí que llenas todo mi ser con solo tenerte,
hoy estás tú como la luz del día que ilumina nuestras vidas,
hoy solo tengo que rogar por no tener que perder tu amor,
hoy solo tengo que tener palabras para amarte,
hoy solo eres tú quien llena mi mente de fantasías,
hoy solo tú inundas mi vida con tu alegría,
hoy solo tú importas en mí y para mí,
porque hoy solo tú puedes llenar los espacios que mi alma deseaba,
hoy solo tú cantas en mi corazón,
haciendo que mi mente se llene de pasión,
hoy solo tú logras alcanzar la gloria para mí,
hoy solo en tí lograremos alcanzar el infinito con tu amor,
hoy solo tú existes en mis pensamientos llenándolos de tí,
hoy son solo tus palabras las que mi oídos escuchan,
porque hoy solo tú eres como un ángel en la tierra,
hoy solo sé que en tí moriré de emoción con tu amor.

202. FIN DE UN
CAPITULO 05-12-10

Cansado, humillado y ridiculizado es como me siento,
pensé que arreglar palabras para expresar mis pensamientos sería solo para mí,
pero el escuchar que alguien me alentaba a continuar escribiendo lo seguí
    haciendo,
pero hoy veo que posiblemente debí callar y nunca expresarlo,
pero cuando escucho melodías que impactan en el corazón me nacen los
    pensamientos,
las palabras brotan solas con las notas o canciones y arreglarlas en mi mente es
    lo que se han creado como mis pensamientos,
¿A quién más le podrá gustar lo que escribo?
Cómo saberlo si publicarlo es tan costoso,
solo puedo decir escribo para la mujer que tanto me ha inspirado con su belleza,
que siempre que las ví pasar, en mi mente se formaba un poema sin podérselos
decir,
hoy que lo hago espero me puedan entender que amar es lo más hermoso que
    sentí en la vida,
amé con pasión e intensidad infinita a una mujer,
pero como no pensar poemas cuando ves tanta belleza alrededor,
y cómo no expresar lo que la vida nos golpea con sus sistemas,
cómo no expresar lo que la naturaleza nos regala,
cómo no exaltar a aquellos que nos dieron un ejemplo con sus vidas,
cómo no expresar las gracias a Dios por lo que se ha recibido,
cómo no expresar a cada instante lo maravilloso que es vivir,
cómo no expresar los dolores tanto físicos como los del alma si duelen tanto,
y como no pedir perdón por lo que a quien no conozca haya ofendido con mis
    pensamientos,
simplemente fue la forma de ver la vida desde este espacio que la vida me regaló.

203. HENM   05-28-10

¿Cuánto podré haberte amado?
que hoy y siempre se me ha inundado el corazón de lágrimas,
porque ya no te veo y porque dejaste de amarme,
como podré resarcir mi alma sin tí, si lo eras todo para mí,
ya nada engrandece mi alma,
mi alma se ha desquebrajado en pedazos,
perderte fue y será la mayor de las tristezas en mi vida,
a tu lado se forjaba tanto de mi vida,
eran tantas ilusiones y sueños que fui forjando a tu lado,
que hoy la vida para mí es solo desgracia e infortunio,
nada pude construir sin tí, fuiste todo lo que podría esperar,
pero hoy que por tantos años he sufrido al perderte,
la vida nunca ha tenido sentido para mi,
me condené yo mismo por no saber amarte con la entrega que debí,
y hoy tanto lamento en mi es lo que ha inundado al haberte perdido,
y ya no hay esperanzas de recuperarte solo la resignación queda en mi alma,
todo porque no supe entregarte mi alma como hoy quisiera hacerlo,
amada Escuela Naval Militar nunca dejaré de llorarte,
solo la muerte en mi podrá recuperarte.

204. UNA ORACIÓN POR MEXICO 06-27-10

Este es mi pueblo,
esta es mi gente,
este es mi país, esta es mi Patria,
este es mi México,
debemos luchar por nuestra unidad y el progreso,
debemos luchar por engrandecer nuestra gente,
luchemos unidos para acabar con la miseria, la delincuencia, el crimen, los vicios, la corrupción,
luchemos por la unidad Nacional como lo hicieron tantos mártires que nos dieron esta Patria,
que lucharon en tantas guerras, como la de la Independencia, contra las invasiones extranjeras y la Revolución,
que ofrendaron sus vidas con la firme convicción de defender sus ideales y a la Patria,
luchemos por crear una Patria digna como ellos lo desearon dando su vida en sus causas,
fortalezcamos sus luchas y engrandezcamos por lo que ellos lucharon,
por esos ideales que nos permitan crecer como una Patria unida, pujante, progresista, digna de llamarnos Mexicanos,
dejemos de regalar nuestro país a los traidores,
busquemos ser una Nación digna de la bendición de Dios,
México es uno y uno somos todos,
amemos a México como México nos ama a nosotros,
protejamos el trabajo de millones de Mexicanos que nos dieron Leyes e Instituciones,
dejemos de ser traidores a nuestras causas y forjemos la Patria que todos deseamos,
unidos hasta la eternidad como un verdadero pueblo de Mexicanos.

205. A MI PATRIA
"MEXICO" 06-28-10

Patria mía,
hoy te veo como el santuario más grande de mi vida,
hoy pienso que le debo tanto a los luchadores que ha habido en tí,
que han dejado sus vidas en el camino por engrandecerte,
hoy me nace la ansiedad de aumentar mis conocimientos,
que aumentará tu grandeza profesional,
hoy sé que debo poner mis brazos a tu servicio para sembrar tus campos,
hoy sé que eres tú la cuna de grandes hombres que han servido en las filas de
    tus soldados para defenderte,
hoy sé que debo unirme a quienes con su estudio han hecho Leyes para darnos
    una Democracia,
hoy sé que debo unirme a hombres y mujeres que diariamente velan por la
    salud de tus integrantes,
oh Patria mía encausa mis pasos no los dejes caer en el abismo de la maldad,
porque hoy sé que a tí te debo mi vida,
que a tí te debo lo que soy,
que es a tí quien debo servir con fervor y patriotismo,
que es a tí a quien le debemos nuestra libertad y que debemos defender,
que es a tí a quien le debemos proteger su identidad como Nación,
que en tus valles, colinas y praderas, está tu grandeza y que debemos conservar,
que en tus mares está tu mayor riqueza por la que debemos luchar por conservarla,
oh Patria mía me siento tan digno de pertenecer a tu grandeza.

206. GRATITUD 06-25-10

Cómo duele el alma cuando al caminar hacia el final,
la vida se va tornando en fracasos y desilusiones,
cuando se ha tenido el espíritu de lucha incesante por lograr lo contrario,
se desgarra el alma en pedazos cuando se llevan tantos sueños y nada se logra,
se reciben tantos golpes que en la siempre caída no aparece quien le abra a uno
    una puerta,
una puerta en que esos sueños se vuelvan realidades,
cuando se nace en cunas llenas de miseria y tragedias,
que cuando uno empieza a dar pasos para salir de ellas,
los desprecios y las humillaciones crecen,
y se sigue luchando por la imagen con que se nació,
se llena uno de sueños de triunfos,
pero la vida se encarga de demostrarnos nuestra inutilidad,
pero aunque se sigue luchando los tropiezos siempre suceden,
en ese cansancio de luchar creyendo en la gente, se encuentra uno siempre
    enemigos,
y la lucha se vuelve más pesada,
pero hoy el cansancio de luchar por esos sueños que no eran de riquezas,
sino de enseñar que no se era el ser indeseable que se nos marco al nacer,
hoy encuentro puertas que en el cansancio de mi vida se abren,
puertas que yo mismo cerré en el pasado por mi ignorancia,
pero que hoy nuevamente se abren para ayudarme a demostrar que nunca fui
ese ser indeseable a los ojos de quien me trajo al mundo o de quienes así me
calificaron,
hoy sé que esa puerta siempre estuvo abierta para mí y para quienes desean
    triunfar en la vida,
por eso hoy digo,
¡Gracias Secretaría de Marina!
El final de mi vida estará siempre acompañado por tí,
porque ahora si puedo demostrar que fuiste el faro que ilumino y marco mi
    ruta en esta vida,
que los triunfos que hoy logre, sé que serán porque conté con tus enseñanzas
    y tu ayuda.

207. APOSTADOR 07-01-10

¿Cómo jugar contra la vida?
cuando ella te ha ganado todas las partidas,
cuando al querer jugar el papel del perfecto has fallado,
cuando has querido ser el amor ideal y solo has sido el desleal,
jugué con todas las manos las mejores oportunidades y todas las perdí,
hoy me siento ante la vida como el iluso apostador,
que a todo aposté y a nada gané,
ante la vida yo he quedado como un perdedor,
jugué por la dulzura de la vida y amargado quedé,
jugué a la mejor salud y gane ¡Cáncer!
Jugué a ser el más rico del mundo y solo gane ser el más miserable,
¿A que he de jugar si a todo le hierro?
Me estoy jugando la vida para vencer la muerte y solo estoy esperando ganar
o perder,
porque pensar en ganarle a la muerte será sí, la mayor apuesta que siempre
perdemos,
porque solo los ilusos como yo creen ganarle a la muerte y solo perdemos todo
al final.

208. TE AMO 07-04-10

Escuchar de tus labios,
TE AMO,
fue la consigna que le impuse a mi corazón
labré hasta con las uñas toda clase de caminos para lograrlo,
te canté con todo el amor y sentimiento para alcanzarlo,
caminé por toda clase de caminos para oírte decirlo,
pero tu silencio me laceró por años,
las espinas de tu indiferencia se fueron clavando más y más en mi alma,
pero seguí amándote con toda mi pasión,
pero esas palabras de tu boca no sonaban,
grité, insulté a la vida,
pero de tus labios no salieron esas palabras,
hoy que está ante mí la puerta de la muerte,
hoy siento ver alegría en tu rostro,
pues hoy parece que de tu alma nunca saldrán las palabras tan anheladas,
y sí mi muerte hará descansar tu alma,
ya no tendrás que sostener mi presencia,
y así tu alma podrá volar para encontrar a quien si puedas decirle,
TE AMO.

209. TU DESPEDIDA 07-08-10

Me diste lo más preciado ¡La vida!
y hoy llenas de tristeza mi alma,
hoy mencionas tu despedida,
¿Cómo podré dejar de amarte?
Cuando eres la mujer especial que la vida me dio,
que en tí encontré las más hermosas enseñanzas,
que en tí amor fue la palabra más sagrada que expresaste,
cómo decir ahora que puedo vivir sin tí,
la vida no podrá tener sentido para mi sin tí,
ya no tendré a quien le dedicaré mis obras, mi vida misma,
no se puede pensar en poemas sin tu presencia,
porque todo lo llenaste en un poema,
amarte fue lo mejor que Dios me dio,
hoy quiero volver a ser el niño que de tu mano creció,
hoy no puedo pensar sin tu imagen,
yo te amé porque en ti no hubo comparación,
fuiste la madre, la mujer que llenó de ejemplos mi vida,
hoy mi vida se reencontrará con la tristeza y la soledad,
porque tu despedida es final,
y ya nada encantará mi vida como tú lo hiciste,
porque a una madre nada la puede remplazar.

210. UN AMOR POR LABRAR   07-12-10

¿Cómo labrar un amor en tu corazón?
Cuando para llegar a tí hay tantos obstáculos,
Cuando en tí ha habido tanto dolor,
cuando en tí ha habido tanta soledad
cómo llegar a tí cuando tu alma esta tan endurecida,
cómo hacerte ver que yo en tí veo lo ideal de una mujer,
que en tí veo como tu corazón desparrama ternura,
no puedo concebir que tu corazón sea de piedra,
a tu corazón quiero llegar para moldear un gran amor a tu lado,
quiero labrar en él el más dulce y profundo amor,
un amor que te haga voltear al mundo llena de alegría,
quiero forjar tu corazón para llenarlo de ilusiones y sueños,
sueños que te hagan vivir en el paraíso,
cree en mí que quiero ser tu escultor,
soy el que más podrá forjar en tí el más eterno amor,
abre tus sentimientos y déjame esculpir mi amor en tu corazón.

211. CREER EN DIOS 07-12-10

Déjame santificar mi alma,
déjame alcanzar Tu grandeza,
déjame llegar a Tí,
yo creo en Tí porque en tus ojos está la luz del amor,
creer en Tí es pensar en lo infinito,
es sentir que el cielo baja a mí,
yo puedo creer en Tí porque no hay nadie más como Tú,
déjame sentir la grandiosidad de Tu ser,
llena mi alma de luz e inspira en mí todos tus conocimientos,
déjame labrar mi camino a Tí porque yo sí creo en Tí,
yo creo en Tí porque eres lo único en que puede creerse,
Tú has formado el espacio, cada estructura, cada ser viviente,
nadie puede desvirtuar Tu grandeza,
porque nadie puede crear lo que Tú has creado,
déjame compartir un poco de tu inmensidad en Tu gloria,
porque yo sí creo en Tí.

212. MAR 07-12-10

Volver a ti despúes de tanto tiempo,
poder volver a ver tu cadencioso movimiento,
ver el atardecer a través de tus olas,
sentir la majestuosidad que se ve en la inmensidad de tus aguas,
sentir el olor que de tus aguas emana,
sentir el frio o calor de tus vientos,
ver la inmensidad de tus olas,
sentirme en tus olas que denotan la profundidad de tu hermosura,
estremecerme con el frío de tus tormentas que deslavan mi tristeza,
cómo no haberte llorado cuando me aleje de tí,
de ti que fuiste la inspiración de mis sueños,
de tí que finqué tantas ilusiones,
hoy que nuevamente me siento en tus brazos la dicha me invade,
porque hoy me embarga nuevamente la felicidad como nunca al volver a
     navegar en tus mares,
de los que nunca debí alejarme,
porque mejor vida no se puede tener,
el vivir en tí y por tí es la mayor gloria que se puede tener en vida,
el morir en tus aguas despúes de una larga vida a tu lado debe ser el mejor
     final,
porque en la inmensidad de tus océanos no se puede tener ni principio ni fin.

213. VALOR ANTE LA ADVERSIDAD 08-02-10

Verte con tu dulce e inolvidable sonrisa,
verte en medio de esa enorme playa con sus olas estrellándose en las rocas,
en donde el mar, las plantas, árboles, flores y las aves nos muestran la abundancia
    de vida que te rodea,
ver tu expresión que aumenta ese esplendor,
pero ante lo triste de tener que perderte nuestras almas se parten en pedazos,
pues has sido herida de muerte por el cáncer en tu cuerpo,
el ver tu juventud, tu belleza, tu alegría, tus deseos de vivir,
pero el saberte condenada a morir,
el ver como luchas con tanta devoción por vivir,
cómo describirte cuando sabemos que tu vida pronto se apagará,
pero no así ese marco en que hoy te vemos,
tu hermoso rostro en medio de las olas y la arena de la playa,
lugar donde las gaviotas cantan a la vida,
pero cuando es la muerte la que te canta a tí,
cómo resignar nuestras almas que lloran despedazadas ante tu alegría,
porque no sabemos manejar tu desgracia,
pero que en tí se vuelve toda una lucha por sobrevivir,
y siempre con la mayor alegría de tu espíritu,
que ahora nos sirve como ejemplo de vida,
del ejemplo que tú pregonas,
pero que nosotros no sabemos entender,
y menos a la vida y a la muerte.

214. MISERIA Y AMOR   09-12-10

¿Cómo desprenderse de la angustia que produce la miseria?
tratas de armar tu vida en medio de la nada,
y por lo mismo nada eres,
escalas cimas donde crees encontrar tu vida ideal,
pero solo encuentras desolación,
nada alcanzas para liberarte,
y solo reproches logras encontrar,
¿Dónde encontrar el camino?
Cuando te invade el pánico de la soledad que produce la miseria,
ruegas al cielo pero solo silencio recibes,
¿Dónde encontrar la paz, el impulso que ha de cambiar mi vida?
Todo lo encontré en tu amor,
amor que inspira en mi soluciones,
amor que me ha hecho encontrar ese mundo de oportunidades,
amor que me enseñó a vivir,
amor que me enseñó a pensar positivamente,
y hoy gracias a tu amor la vida si cambió para mí,
no más tristeza, no más soledad, no más angustias,
solo la mirada al frente que tu amor impulsa.

215. MI AMOR POR TI 09-14-10

Mantener la imagen del amor que por tí sentí,
fue fantástico, inolvidable recordarte siempre así,
pero esa imagen, ese amor que por ti sentí nunca fue recíproco,
yo en tí formé la imagen ideal del amor hecho en tí,
pero tu amor por mi solo sembraba dudas que fui forjando,
y ahora como puedo olvidar tantas ilusiones,
tantas palabras de amor que por tí compuse,
¿Cómo podría saber que se forjaba en tu corazón?
Cuando solo silencio expresabas,
Tu rostro solo era uno,
¿Saber si era tristeza, alegría, amor?
Nada supe porque nada expresaste,
nunca de tus labios supe si me amabas,
encadené mi vida a tí como una bendición para mí,
mientras que para tí mi amor fue una obsesión,
mi amor por tí, para tí nunca fue real,
pero lo que nunca podrás entender que mi amor por tí fue tan real como la vida
    misma,
la tristeza solo puede ser ahora la mejor amante para mí,
nada puedo ahora componer,
las palabras suenan tan vacías,
porque nada, nada queda ya.

216. TU ABANDONO 09-14-10

Tristeza, soledad, hastío,
es solo lo que ha quedado en mí,
la alegría de vivir se acabó para mí,
todos los momentos de ensueño se acabaron también,
solo recuerdos, memorias que bailan en mi mente,
encontrarte para devolver los tan anhelados momentos vividos a tu lado se
    esfumaron,
amor, pasión, deseo, todo lo que de tí recibí se esfumó,
¿Dónde ahora podré encontrarte?
cuando fuiste tú quien siempre marcó mi destino,
notas musicales que adornaron tu amor,
hoy son solo recuerdos que hieren en el corazón
¿Por qué tenias que alejarte de mí?
¿Por qué si todo en nosotros se llenó de amor en nuestras vidas?
¿Cómo encontrar ahora paz si la angustia devora mi vida?
nadie como tú le dio tanto valor a mi vida como lo hiciste tú,
¿Por qué perderte ahora?
cuando sé que ahora solo la muerte te remplazará,
por eso hoy solo resignación anida en mí en espera de la muerte.

217. UNA MUJER COMO TU 09-15-10

El aroma de tu cuerpo sensibiliza mis sentidos al calor de tu amor,
devuelves a mi alma el alimento de tu amor,
reencarnando en mí la dicha de vivir amándote,
eres la luz que alumbra mi ceguera,
iluminas mis caminos llenándome de amor y felicidad,
no puedo despreciar ningún hálito de vida,
porque tu sonrisa inspira mis esfuerzos por vivir,
sí, vivir luchando por engrandecer tu imagen,
para llenarte de riquezas morales, espirituales y materiales,
que es lo que la nobleza de tus palabras engendran en mi alma,
enseñas a mi alma amarte con pasión y sentimiento,
¿Cómo poder despreciar cada amanecer?
Cuando a tu lado es un paso más cada día,
que al amarte encaminas nuestras almas hacia la eternidad que tu amor envuelve,
porque con tu forma de amar envuelves las tragedias que la vida nos da
insensibilizándolas en la nube que hacia ellas produce tú aroma,
porque al amarte el aroma de tu cuerpo me envuelve y sueño vivir en el paraíso
que tu amor produce.

218. OH DIOS 09-15-10

Como en un rosario de oraciones,
invoco a tí para encontrar tu luz,
esa luz que puede iluminar mi existir,
que pueda encaminarme al encuentro de tí,
mi vida ha sido tan pesada y triste,
que hoy solo en tí puedo encontrar la paz,
paz que alegre mi vida y devuelva a mí tu grandiosidad,
porque solo en tí existe el amor que puede confortar nuestras almas,
tú eres el camino del amor,
tú tienes lo infinito del saber,
en tí se puede encontrar la eternidad,
la eternidad sí pero de arduo trabajo,
porque tus enseñanzas abren el universo,
y aprender a valorar cada espacio, partícula, cuerpo que tú has creado,
solo la eternidad podrá darme el tiempo de conocer todo lo que has creado al
    trabajar en ello,
permite a este ser que en la humildad de la oración,
pueda encontrar el perdón y el camino a tí,
para empezar esa ardua tarea de la enseñanza que tu grandiosidad nos ha
    dado.

219. ¿IMPOSIBLES? 09-18-10

Soñar en lo imposible puede marcar mi vida,
me grité siempre a mí mismo,
pero nunca entendí,
y me pasé la vida en mi mundo irreal,
pensando que la gente alrededor mío era buena,
pero la vida sí me marcó a mí como un ignorante,
porque sí, los que alrededor mío estuvieron llevaban tanta maldad que se les
    veía,
pero que fácilmente la escondían bajo el manto de una pureza falsa y despreciable,
por eso hoy pregunto:
¿Interpretarán los mensajes que del cielo nos mandan?
Y que a mí al escucharlos a través de la música se han vuelto mis pensamientos,
que hoy puedo preguntar,
¿Me recordarán cuando ya no exista?
Que al leer mis pensamientos que escribí sentirán como yo que fueron dictados
    del cielo,
porque abrieron mi alma y mis sentidos por el camino del bien, la bondad, del
    amor, pero nunca del odio,
que hoy que leo lo escrito siento una gran satisfacción,
pues si la muerte viene a mí,
cumplido me siento en lo que viví.

220. JARDINES DEL PARAISO 09-20-10

De los jardines del paraíso bajan a mí el olor de sus flores esplendorosas,
llenando mi mente de color y aromas inimaginables,
y que envuelven mi alma en el hechizo del amor,
nota a nota suenan en mi mente las melodías celestiales,
melodías que incitan a la meditación y la oración,
campanas que repiquetean llamando al hechizo del pensamiento eterno,
donde al buscar la perfección del alma se torna en un llamado único a realizarlo,
donde la incitación a la búsqueda de Dios nos hace sentir lo inmensamente
    pequeño que somos ante su grandeza,
y mi mente recorre paso a paso en la oscuridad los caminos tratando de
    encontrar una luz,
luz que nos hechice y nos haga participar del amor eterno,
porque en esta vida el drama en que vivimos solo nos destruye,
porque los demás se han propuesto destruir este que es el paraíso que Dios nos
    creó,
y que lo creó para que viviéramos casi eternamente,
porque en su universo no hay tiempo,
porque en su universo la vida se extiende como una cascada sin fin,
dándonos la maravilla de la vida en medio de sus maravillosas criaturas,
pero que nosotros queremos destruir con nuestra maldad,
volvamos a buscar la luz de su infinita grandeza y desarrollemos nuestras vidas
    como en el paraíso que El nos creó,
para disfrutar de su amor eterno.

221. ODIO   09-22-10

Toda una vida descifrándote,
pero hoy solo puedo exclamar,
¿Cómo descifrar lo que tan dentro de tí guardas?
Desprecios y hastío he encontrado en tí por mí,
tanta ilusión con que se llenó mí ser en un momento de amor cuando te conocí,
que hoy suena a falsedad,
porque sueños e ilusiones los quebraste la misma noche que recibí tu amor,
que hoy ante la desesperación que da la soledad me pregunto:
¿Cómo pudiste ser tan cruel y despiadada?
Pues destruiste todo vestigio de amor en mi,
las cadenas que a tí me unieron nunca se rompieron,
fue la hiel de tu odio las que las soldó atándome a tí,
la esclavitud a tu lado ha sido la condena que al vivir a tu lado me destruyó,
mi alma la encerraste en la oscuridad de tu odio,
solo hoy pregunto ilusamente,
¿Por qué tanto odio hacia mí?
¿Por qué, si yo te ofrecí el más puro y sincero amor?
¿Quién pudo sembrar tanto odio en tí?
Ya que solo desgraciada ha sido nuestra vida juntos con tu falso amor.

222. MI GUIA   09-23-10

Albergaste en mi corazón el ensueño de tus palabras,
grabaste con ellas una leyenda de ilusiones,
que hoy suenan como un canto divino,
ataste mi ser a tu amor,
sellaste mis pensamientos para solo dedicarlos a tí,
solo he podido caminar con tu guía,
tus labios siempre han depositado en los míos la dulzura que tu alma lleva,
la belleza de tu rostro y de tu cuerpo han encandilado mi ser dedicándome solo
      a tí,
solo en tí puedo ver la vida con la magia con que tú la adornas,
solo a tu lado puedo caminar amando,
fuiste y eres el producto de una ecuación perfecta de amor y belleza,
tu voz cubre cualquier sonido a mi alrededor,
y hacen sonar tus palabras como la sinfonía en que vivo como un paraíso,
tus deseos de perpetuar mi ser a tí lo has hecho una realidad,
ni la muerte podrá vencer tu amor por mí,
me haces sentir cada momento que tu entrega a mi no es para atarme,
no, es para amarme cada día más,
porque tú me envuelves en la sinceridad de tus palabras,
como nadie lo ha hecho en mi vida,
y sacarte de ese tormento que es el mundo,
será mi obsesión como lo fue el tuyo al atarte a mí por amor.

223. ALGUIEN SIN IGUAL 09-25-10

Eres como los bouquet de rosas que florecen en nuestro jardín,
ya que es así como veo florecer tu belleza,
que como al tocar cada pétalo de esas rosas con su aroma hechizan mis
    pensamientos,
y que es así como siento el aroma de tu aliento que al hablar hechizas mi pensar,
ya que todo lo vuelves tan interesante con tus palabras,
que al no saber cómo tocar los pétalos de esas rosas,
los comparo cuando al tocar la tersura de tu piel tiemblo de emoción,
por tu sensualidad y hermosura que en mis manos deslizas tu pasión hacia mí,
convirtiendo nuestro amor en un bouquet de amor que ni las rosas más hermosas
    se comparan,
la gloria de amarte es como la gloria de cuidar nuestros rosales,
porque entre más los riego más rosas nos dan,
que al igual que a tí entre más amor te dé,
más me das de tu amor llenando mi corazón de felicidad,
los pétalos de las rosas en su rojo carmesí imitan el rojo de tus labios,
y con su aroma enardecen mis sentidos,
como se enardecen mis sentidos al sentir tus labios en mi,
cuidar los rosales es pensar en tu amor,
entre más los cuide más durarán,
como al cuidar cada instante de tí,
perdurará más tu amor hacia mí.

224. ¿INTEGRAL? 09-25-10

¿La variable y la integral de una vida?
Como integrarla si no se tiene lo fundamental,
la razón de la humildad,
la ecuación de la unidad,
la suma de los valores morales,
la multiplicación de la integridad nacional,
la división de la maldad,
la eliminación de la ignorancia,
la cual debe ser substituida por la educación superior,
la suma de los grandes valores positivos con los humanos,
deberá de darnos como resultado la ecuación de la vida,
que nos permita crecer como Nación,
que nos permita enorgullecernos por lo que somos,
que nos permita diferenciar los elementos de la maldad humana,
que nos permita luchar por integrarnos como seres humanos de la creación de
    un mundo mejor,
integral de la vida es solo la forma como debería clasificarse las conductas,
solo la correcta fórmula nos puede integrar como seres humanos,
las incorrecciones solo nos suman a la desgracia como Nación,
no se puede integrar seres humanos en celdas por ser criminales,
solo debe integrarse la vida en la suma del bien común,
bien común que es el principal elemento que debe ser la base de la mejor
    ecuación de vida.

225. DESILUSION TARDIA 09-28-10

El alma se me quema ante la incertidumbre de tu desamor,
pareciera que tu amor viviera en otra dimensión,
conocerte y amarte fue solo un movimiento,
porque la soledad que me envolvía se llenó de tu presencia,
como si la luna me iluminara, pronto mi alma se dedicó a tí,
el calor de tu cuerpo encendió más mi existencia,
el sentirte en mis brazos llenó de luz mi oscuridad,
fácil fue prendarme de tí y convertir todos mis pensamientos en tí,
mi vida cambió y parecía que tú eras la guía de mi vida,
prendido de amor y deseo por tí convertí mi pensar solo en tí,
todas las causas por las que podría vivir se volvieron por tí,
la frecuencia de tus besos y caricias cerraron mi vista hacia el mundo,
me encerré en amarte con todo mi corazón,
pero poco a poco tu desamor me empezó a abrir los ojos,
y hoy ante tanta claridad,
hoy veo que solo te dejaste usar,
que jamás me amaste,
que solo fui un objeto de satisfacción a tus caprichos,
y que nunca me amaste,
pero hoy me sangra la herida que con tu desamor produjiste,
enloqueciendo mi vida y llevándola a la desesperación de los celos,
hoy sé que solo la muerte podrá sacarme del infierno en que has dejado mi
vida.

226. LAGRIMAS DE
SANGRE 09-28-10

Hoy te veo derramar lágrimas de sangre oh México querido,
hoy lloramos con dolor ante tu infortunio,
hoy vemos tus tierras regadas con sangre de traidores,
hoy sabemos que tus juventudes doradas se truncan por la ignorancia,
hoy sentimos la angustia del hambre que destruye a tus juventudes,
hoy vemos que tus juventudes parecen olvidar lo sagrado que tus tierras
    guardan,
hoy se oye el olvido de tantas vidas sacrificadas que lucharon por darte tanta
    grandeza,
hoy tus juventudes se llenan de falsos ejemplos,
hoy se confunden tus juventudes en los vicios de las drogas y enervantes,
hoy se quieren convertir en amos y señores en él y con el delito y el crimen,
y es por eso que hoy debemos tañar las campanas llamando a la lucha contra
    todos esos males,
nuestros destinos no fueron guiados en el pasado en el infortunio y la traición,
nuestras viejas juventudes lucharon ante invasores, traidores, ignorantes, piratas,
    asesinos y delincuentes,
hoy debemos invocar los ideales de nuestros mártires para gritarles a estas
    juventudes,
que debemos luchar por conservar nuestras libertades, derechos, valores, nuestra
    misma identidad como nación que tanta sangre de héroes ha costado,
que nuestra identidad Nacional debe ser digna y limpia de maldades,
que no caben en nuestras juventudes las bestias que asesinan, roban, traicionan
    y delinquen,
cuando debemos recordar a tantos mártires que han luchado dando sus vidas
    por darnos esta patria libre justa y soberana,
que nuestras llanuras, valles, montañas, mares esperan de nosotros que si
    nuestra sangre es derramada,
sea por engrandecerla, defenderla con valor en contra de traidores que
    demuestran su falta de amor a nuestra Patria,
vamos, empeñemos las armas de la justicia y devolvamos a nuestra Patria su
    dignidad y su grandeza.

227. COMO NAUFRAGO 09-30-10

Cuando la vida me llevaba a la deriva,
desperté cuando te encontré,
mi vida cambió y tu rostro llenó mi vivir,
comencé a soñar con tu rostro a cada instante,
comencé entonces a transformar mi ser de las tinieblas en que caminaba,
la brillantez que en tí había me llevo a tí,
envolviste mi vida en tu radiante luz,
empecé a crecer y soñar con conquistarte con mi amor,
empecé a formar un mundo donde solo tu amor reinara en mi,
empecé a forjar toda clase de ideas que te unieran a mí,
y la lucha se tornó real,
si antes no sabía vivir,
con tu amor se empezó a llenar mi vida cambiando mi destino,
lo que antes nada impulsaba mis pasos,
con tu amor se abrió las puertas del futuro,
y armando toda clase de caminos que me llevaran a ofrecerte una vida llena de
    amor,
un amor que no pudieses rechazar,
y que aceptaste atándote a mí en mi vivir,
pero en el frío de tus palabras se confundió mi ser,
y hoy que juntos hemos caminado a través de los años,
hoy siento que até mi vida a tí sin la verdadera luz del amor,
pero a pesar de todo hoy si puedo agradecerte que con tu presencia mi vida tuvo
    valor y recompensas,
y que hoy mi vida contigo se llenó de valores gracias a tí,
que no fueron la incertidumbre y el infortunio que pudo haber en mi vida sin
    tí.

228. MEXICO TRISTE 09-30-10

Entre la bruma, la niebla y las penumbras de la noche,
nuestro caminar se vuelve pesado y angustiado,
las gotas de la llovizna que cae confunden nuestras lágrimas,
y es que ante la traición con que te hemos visto vivir ahora, nos está destruyendo,
recordar los alegres campos llenos de flores o plantíos,
tus tranquilos pueblos y ciudades,
tu gente alegre y luchadora,
hoy parece acabarse todo,
hoy todo se vuelve dolor,
hoy hay gente que te está traicionado,
hoy han confundido tus tierras sagradas,
por tierras que ellos derraman de sangre inocente,
hoy quieren convertirte en muladares y basureros humanos,
cómo resarcir lo que ellos destruyen con su maldad,
invoquemos al cielo para pedir clemencia para los inocentes,
esos inocentes que luchan día con día por un porvenir,
un porvenir que en la maldad de los traidores de tus tierras, están destruyendo,
que nos podrá esperar ante tanta maldad incomensurada,
qué clase de demonios se han engendrado que quieren destruir todo,
qué ideales podrán tener cuando solo matan por placer o por negocio,
cuando todos deberíamos tener un ideal solido, progresista, unido en el bien
    de todos,
qué clase de mundo podremos tener sin orden ni justicia,
debemos unir nuestros ideales y acabar con tanta maldad,
debemos caminar nuevamente sin brumas ni nieblas que oscurezcan nuestro
    futuro,
debemos retomar la espada de la justicia para acabar con tanta maldad.

229. EN LA DISTANCIA 10-01-10

En la blancura de una rosa,
y con la frialdad de la tarde,
veo como se reflejan los pocos rayos de sol en sus pétalos,
dándole una inmensa tristeza a la tarde
que es como veo la vida ahora,
porque es lo que ha dejado a mi mente la tristeza de tu partida,
tristeza que se ha clavado en mi alma,
ya nada engrandece la belleza de la vida que antes a tu lado tenía,
te destrocé con mis lacerantes palabras,
descubrí mis celos dejándome descubrir mi torpeza y mi estupidez,
te encaminé por las torturas de mis hirientes palabras,
palabras que con mis celos cargué de odio,
pero hoy el aroma de una gardenia me ha hecho reaccionar,
porque sí, ese era tu aroma cuando me amabas,
hoy empiezo a saber que sin tí nada valgo,
hoy empiezo a sentir que mi cuerpo se llenará de dolor,
porque hoy sé que ya no cuento con tu amor,
amor que envolvía mi ser en una estructura contra el dolor,
en donde solo dicha había,
hoy sé que sin tu amor falleceré en el medio más triste,
en la soledad y con tu abandono por mis estúpidos celos,
perdón hoy grito, pero tu alma no me escucha ya,
pero por todo el mundo gritaré perdón,
y trataré de recuperar un poco de tu amor,
con el que quizás mi muerte sea menos dolorosa.

230. ¿UNA PALABRA? 10-01-10

Con una palabra,
quizás con dos,
pero trataré de abrir tu corazón,
despierta amor que mi alma te necesita,
voltea a mí que tengo todo un corazón para amarte,
golpea con tus dedos el agua,
y verás que las olas llegarán a los míos,
así uniremos nuestras manos en el amor,
voltea, voltea que en mis ojos encontrarás la esperanza que buscas,
esperanza que tu corazón busca para amar, vivir y soñar,
en el medio de un inmenso amor,
y es lo que en mi mirada encontrarás,
la alegría que mi alma te ofrece,
llenará todas tus ansias de felicidad,
mi alma no se ha corroído en la maldad,
en mi alma encontrarás todo amor, toda ternura, todo pensamiento solo a tí,
porque yo sí en tí he encontrado la llave,
llave que abre el caudal de la alegría y el amor,
en la hermosura de tus ojos se hipnotizan mis pensamientos,
que solo son dedicados a tí,
ven que llenaré tus oídos con mis palabra de amor,
mira bien,
mira hacia mí,
que yo sin tí nada soy.

231. UN ANGEL 10-02-10

Hoy conocí un ángel
me pidió descubrir mi alma,
me dio las llaves del amor,
me dio las guías de la felicidad,
me dio su ternura,
su calor envolvió el frio de mi alma,
con sus palabras me ha abierto hacia la enseñanza espiritual,
me dijo que no hay maldad en nosotros al nacer
que todo lo convertimos según nuestras creencias,
que debo dejarme llevar por su mano siempre,
que con él encontraré la paz y la tranquilidad de mi alma,
que en la bondad de nuestros actos está el amor y la esperanza,
que en la fé no existen dudas,
que la vida es la llave principal de nuestra eternidad,
que nosotros mismos la edificamos,
en la muerte no encontraremos nada si nada hicimos,
el amor que demos nos traerá el premio mayor,
en la maldad solo nos pudriremos en el silencio y el olvido eterno,
me dijo que escuche siempre los sonidos del silencio que nos guían sanamente,
las palabras del cielo no podrán ser entendidas si no abrimos nuestros corazones,
amor dado, recibe amor y ternura, nunca maldad,
caminemos juntos que hoy comienza tu vida,
no te sueltes de mi mano que este es el primer día de tu vida,
hoy tu madre te dio la vida,
y yo hoy te ofrezco mí cuidado para tu eternidad espiritual,
de la que tú tendrás la libertad de elegir si deseas mi guía o tu destrucción.

232. CONFUSIÓN Y SOLEDAD 10-03-10

El conocerte abrió en mi corazón toda clase de sueños,
encontré en tu rostro el gran amor,
tu belleza inigualable llenó mis expectativas de amar,
poco a poco me fui compenetrando en tí,
y el amor que siempre esperé, parecía haberlo encontrado por fin,
tú comenzaste a llenar mis más grandes deseos de amar,
sí, todo se empezó a llenar de tu luz,
tus palabras llenaban mis oídos de dulzura,
todo se empezó a engrandecer en mi vida,
pero como el amanecer empecé a despertar,
despacio muy lentamente empecé a conocerte,
tu falsedad no tenía límites,
me engañabas pero con la dulzura de tu mirada lo encubrías,
y así me fui dando cuenta que yo no era nadie para tí,
los años han pasado y hoy que recuerdo nuestra despedida,
que fue tan dolorosa porque hoy pienso en tu falsedad que siempre exhibiste
    ante mí,
y que yo siempre pensé que el amarte sería lo más grande que pudo haber en
    mi vida,
porque hoy me veo que el haberte podido amar en nadie pudo haber sido más
    maravilloso que contigo,
pero hoy que me veo en la soledad,
hoy todo es confusión porque jamás podré amar como te amé a tí,
pero a quien nunca pudiste amar solo engañar,
y hoy solo el llanto vive en mí con mis recuerdos.

233. POR MI ESTUPIDEZ 10-05-10

¿Cómo pedirte perdón?
Cuando herí en tí tanto tu corazón,
¿Cómo pretender olvidar tanto amor que de tí recibí?
Las lágrimas desgarran hoy mi corazón al recordarte a mi lado,
te amé tanto, sí, pero con tanta estupidez,
que de esa forma arruiné nuestro amor,
hoy recordar tus ojos en que con tu mirada preguntabas,
¿Por qué tanto odio hay en tus palabras?
Si tanto decías amarme,
pero hoy si entiendo cuanto mal te di,
ya que hoy mi vida se ha destrozado con tu partida,
cuando tantas veces te inspiré para amarme,
y hoy que veo que destrocé todas esas ilusiones,
a las que ningún grito de perdón disculpará,
y hoy debo quedarme al lado de mi estúpida forma de amarte,
en la soledad que yo mismo labré.

234. SIN TU AMOR 10-08-10

Ante el despeñadero por el cual mi vida se dirigía,
ante tu encuentro,
a mi vida llegó el cambio de mi destino,
destino en el que no solo yo iba sino que cargaba a mis seres amados también
a su destrucción,
pero tu amor lo cambió todo,
y también en ese amor envolviste a mis seres amados para su protección,
y mi vida cambió,
vida que a tu lado detuvo en tus manos mi destino
vida que cambiaste el rumbo por el sendero de tu amor,
hoy que el tiempo pega en mi rostro,
hoy veo que nunca me traicionaste ni me abandonaste,
hoy veo que si transformaste nuestras vidas,
hoy veo que a tu lado no hubo miserias ni hambre,
hoy veo que con tu resguardo los que de mi vinieron alcanzaron grandes
    caminos,
hoy no puedo ver como retribuirte tanta fortuna que tu amor me dio,
y aun me sigue dando.

235. HEROICA ESCUELA NAVAL MILITAR

En los anales de tu historia Patria mía comenzamos nuestra cuna a labrar,
de la guerra de Independencia nos gritabas defender la mar,
nos enseñabas la necesidad de hacernos a la mar para hablar.
hablar sí de ti ante el deseo de formar grandes hombres de mar,

Requerías de una fuerza naval que a la Patria pudiera proteger,
pero una fuerza naval formal disciplinada y dispuesta a vivir y morir por tu
ser,
en tus inicios, marinos del mundo vinieron a tí para tus mares proteger,
pero tú clamaste por los hijos que en tus tierras habían nacido que clamaran
por tí marinos ser,

Poco a poco ante fuertes derrotas seguiste clamando por tí,
en ti se labrarían los grandes héroes que la vida dieran por tí,
Tlacotalpan Veracruz, vería tu inicio en donde se cimentarían las primeras
aulas para tí.
Pero grandes problemas nacionales hicieron que cerraran y se olvidaran de tí,
Pero ahí nos pedias defender con tus enseñanzas las tierras que de piratas e
invasores venían a robar, el luchar contra ellos te lo debemos a tí,

Y ante fuertes vicisitudes fuiste labrando en nuestras mentes tus anhelos por
volver a construirte y fundar lo que hoy tenemos para nuestra gloria y que
es por tí,
Porque requerías de grandes hombres que en el mar velarán por los suelos de
la patria nuestra
y tus héroes comenzaron a luchar por una armada unida que sus vidas dieran
en buques y veleros, por la patria nuestra

Comenzaste a labrar en nuestras mentes tu valía, ya que serias forjadora de
valientes marinos
requeriste de grandes sacrificios de tus marinos para que brotaras como la cuna
de un ejército de valientes marinos,

les mostraste que eras tú más valiosa que las escuelas militares en que querían confundirnos.
y a través de grandes luchas y fracasos surgiste como la gran cuna de valientes marinos.

Hoy a ciento veintitrés años de tu surgimiento en el glorioso Veracruz donde te convertiste en la cuna de grandes marinos.
Marinos que la vida dieron y siguen dando con tus enseñanzas porque de tus aulas solo grandes héroes son forjados.

Hoy nos gritan tus años que con grandes esfuerzos se hicieron por crearte Heroica Escuela Naval Militar.
tus marinos como fieles servidores hemos aprendido de tí a luchar.
hasta la muerte por defender nuestra patria como lo hicieron Azueta y Uribe y tantos otros que sus vidas se sigue exigiendo diariamente dar.

Tus gritos a través de los años hoy nos están demostrando cuanto te necesitamos.
porque de las enseñanzas en tus aulas aprendimos a no titubear por dar nuestras vidas que por defender la patria necesitamos.

Hoy nos sentimos hijos de tus entrañas quienes con tus enseñanzas podamos ser los guías para lograr una Patria grandiosa como fue siempre su destino.
Día a día se forjan nuevos marinos y hoy has querido compartir tus enseñanzas a mujeres y hombres como un solo destino,
Sí, pero con la misma exigencia de dar la vida si necesario es, sin titubear y con el valor que tus aulas enseñan para la patria que así ha forjado su grandioso destino.

Manuel Hurtado E

237. HURACAN 10-01-67

Por un huracán me encontré en tu vida,
y como en una tempestad dejaste mi corazón con la hermosura de tus ojos,
y como tal huracán tu pasión se desató en nuestro amor,
con las tormentas que en tu forma de amarme comenzaron a golpear mi rostro,
nubes oscuras dejabas a cada día en que nuestro amor se desarrolló,
el sol no parecía alumbrar nuestras vidas para una felicidad,
tus tempestades azotaron siempre nuestras noches de amor,
hasta que me empecé a cubrir de tus vientos y la calma comenzó a llegar a
    nuestras vidas,
por fin la claridad de los días comenzó a dejar brillar tu verdadero amor,
se comenzó a desprender tu perfume y aroma que me envolvió en tu fragancia,
se disiparon los vientos huracanados que traías en nuestro encuentro,
hoy con la calma de nuestro amor la pasión se desborda en nosotros,
y así pronto podré arribar a nuestro puerto donde el amor nos cubrirá,
dejándonos amarnos de verdad sin vientos ni relámpagos ni lluvias de lágrimas,
que fue como comenzaste a amarme,
tormentosamente como era tu alma,
y hoy sí, mi amor ha podido calmar tus tempestades para amarnos eternamente,
con ese amor que llenará nuestros corazones de ensueños de amor.

238. ¿FIN? 10-08-10

En el abrigo que tu ternura me prodigará mi ser retorna al calor de la paz,
y aunque quisiera evadir este momento en que mi vida se ha congelado,
difícil será para mí volver a sentir la alegría de vivir ante el fin que me
atormenta,
fin que nadie puede comprender pero que se está volviendo muy doloroso para
mí,
pero el pensar en la felicidad que me pudiese dar, el reencontrarme contigo
nuevamente se alegra mi alma,
me dejaste en la penumbra y la soledad de un mundo infame que no sabe
compadecer,
años de tratar de comprender para adaptarme a lo que tú ilusionabas en vida,
pero la realidad me asaltó y en esta soledad nada me ha ilusionado como a tí,
por eso el caminar se ha vuelto pesado, triste y solo y como una condena el
tiempo no parece pasar,
busqué como encontrar un espacio que devolviera la paz que necesitaba con tu
partida,
me envolví en miles de trabajos y proyectos, para olvidar que te fuiste,
solo confusión envolvió mi vida nada me explicaba tu partida,
a la música encargué mi soledad y es la única que ha podido ocupar tu lugar,
tus besos, tus entregas, tu cariño, tus palabras de aliento y amor que de tí
escuche y sentí,
hoy solo la música me envuelve en esa nube en que todo lo que de tí recibí se
vuelve realidad,
pero hoy el dolor en mi cuerpo me retrata los momentos que en tí vi llena de
dolor y desesperación ante la muerte,
y hoy puedo dar gracias por que a ese fin que tú llegaste, parece venir a mí,
y con el frío que siento, el pensar en reencontrarte es hoy mi más caro anhelo.

239. A CECILIA   22 de Septiembre 2010

Como el preámbulo de una vida atormentada,
Así fue como sentí tu presencia al conocerte en mi niñez,
Tú que en tu niñez te vestiste de acuerdo a tu belleza,
Belleza que pudiera decir sin igual,
tu mirada de niña encerraba tanta dulzura,
en tus hermosos ojos denotabas tanto amor,
y si en pinturas conocí tu niñez,
voces me mostraron cuan felices eran entonces,
pero en ese preámbulo en que me crucé por tu camino,
ese estaba lleno de tanto dolor por venir a tí,
uno a uno multiplicaste tu amor en nuevos seres,
pero la tragedia que a tu vida nunca debió llegar,
fue acabando con algunos de ellos trágicamente,
marcaron en tu alma la más dolorosa de las tragedias,
poco a poco te fueron consumiendo,
pero en el pesar de todo los que de tí quedaron, ejemplo de vida hoy son,
bellas almas que tu amor les supo inculcar como madre,
y las voces que de tí me contaron hoy te lloran,
te lloran con un inmenso dolor porque juntas compartieron niñez y juventud,
y hoy saben que las esperaras en ese camino eterno en que seres como tú se han
    de unir,
unir por amor y santidad por todo el sufrimiento que en este mundo tuvieron,
y unidas estarán por toda la eternidad por la hermandad que las unió.

De su hermana

240. ¿AMOR? 10-09-10

No puedo herir tus sentimientos
ante tu desatino en amarme sin ningún temor,
te confundiste creyendo que lo que sentías era amor por mí,
y no querías darte cuenta que era tan solo una pasión desmedida hacia mí
mis deseos por tener tu amor te confundieron,
porque el amor que te ofrecí era por siempre,
cuando tú solo deseabas el momento,
momento que para ti solo te daría placer,
pero a mí me darías la muerte en vida,
porque viviría amándote cada día sin tenerte,
porque tú pronto me dejarías al saciar tu amor de un momento,
para mí en tí se encendían los mejores momentos de amor,
para mí eran en su intensidad imperecederos,
para ti serían momentos de amor quizás malditos,
pero para mí serían inconmensurablemente gloriosos,
y de esa forma, amor, no podría confundirlo con pasión,
para amarte deberá ser para siempre o para nunca,
pero nunca por un momento gozado a tu lado,
solo amándote a tu lado eternamente.

241. LO MEJOR DE MI
VIDA 10-10-10

¿Cómo saber cuándo detener mi amargura?
me embebiste en un mar de ensueños,
me hiciste probar el sabor de la tierra,
porque en ella sembraste con amor flores y frutos,
que como muestra de tu amor me ofreciste,
la vida nada corta que a tu lado pasé el tiempo se esfumó,
amabas y engrandecías todo lo que por mí hacías,
tu canto, tu risa, tu llanto, todo en tí fue como la tierra misma,
bella, grandiosa y a la vez llena de incertidumbre,
porque también eras cambiante como sus colores,
que de día son esplendorosos y de noche inimaginables,
y así también te sentí toda la vida,
de día esplendorosa y de noche inimaginable en tu apasionada forma de amar,
pero como las flores y frutos de la tierra que se marchitan,
así se han marchitado nuestras vidas,
dejando áridos nuestros pensamientos,
y secos nuestros corazones por el tiempo,
tiempo que nos ha envejecido y nos ha llenado de amargura,
amargura por lo que ya nada tenemos,
pues solo la esperanza de la eternidad nos queda,
porque en ella volverán a renacer nuestros corazones,
porque a la tierra cuando se erosiona por el tiempo,
muere eternamente y nada renace.

242. POR CULPA DE
USTEDES 10-11-10

Naci por culpa de ustedes,
crecí y me crié entre ustedes,
con golpes, envidias, insultos, mucha maldad y poco amor me formaron
    ustedes,
caminé y viví en el medio de la maldad de ustedes,
poco a poco me hice a la forma de ustedes,
como ustedes me exalto,
como ustedes me irrito,
como ustedes grito,
pero hoy que por el tiempo que entre la maldad de ustedes viví,
¡Hoy me gritan!
¡Tienes que cambiar!
y pregunto ¿Cómo quien?
solo maldad, miseria, hambre, sufrimiento me enseñaron,
nunca me enseñaron amor o a amar,
nunca conocí la bondad,
nunca en mis manos cayó la riqueza,
nunca me enseñaron otra forma de ser,
¡Ustedes me esculpieron!
hoy no puedo decir otra cosa,
¡Que soy como soy porque al mundo le debo lo que soy!
quizás si el mundo cambia y me enseña otra vida,
entonces cambiaré quizás si la muerte no me ha llevado.

243. AMOR JUVENIL 10-10-10

En esa alborada entre los árboles,
tu belleza brillaba y tomada de mi mano caminábamos entre ellos,
veía la inocencia de tus primeros años de juventud,
y fueron el marco para enamorarme de tí,
soñar en silencio besando tus labios que solo en mi mente sucedía,
sentir el calor de tu juvenil cuerpo me envolvía,
pero mi amor debía cambiarlo por un trato amigable solamente,
hiriendo mí corazón ante ello era como resignaba mi ser,
detenía con dolor y pesar mi amor imposible por tí,
pero hoy el tiempo y la distancia me hace revivirte,
el recuerdo que en mi alma grabaste nunca se borró,
pero hoy todavía sigo buscando tu rostro en las alboradas,
hoy quisiera volver a sentir tu juvenil compañía,
sentir ese amor de amigos que me profesabas,
pero sentirlo para revivir los maravillosos momentos que en mi juventud a tu
    lado pasé,
pero que hoy son solo recuerdos que me sirven en el camino de la vejez,
porque si entonces amor prohibido fue,
hoy es amor imposible,
porque solo el recuerdo de tí en mi memoria quedó.

244. MIRADA DE AMOR   10-10-10

En tus ojos conocí el esplendor del amor,
y de la mirada de tus ojos me enamoré,
tu rostro de una belleza tan especial me impresionó,
y me amaste al igual que yo,
la intensidad de nuestro amor rompió todo impedimento,
cada día el besar tus labios y embeberme en tu aroma fue mi vivir,
amarte cada instante fue mi mayor ensueño,
tu compañía hacia emocionarme y temblar mi cuerpo a tu lado,
compusiste poemas con solo sostener mi mano,
pero al perderte engarzó mi vida en el dolor,
pues solo he querido encontrar en todas las mujeres tus ojos,
pero nadie ha devuelto a mí la mirada del amor que tú me dabas,
dónde encontrarte para acabar con este calvario,
que como un camino de espinas desgarran mi alma,
y que está consumiendo mi vivir en la soledad y la tristeza,
¿Dónde te encontrare?

245. TORMENTAS Y GLORIAS 10-12-10

Caer yo mismo en la profundidad de mis recuerdos,
hoy me hacen cambiar mis ideas ante los momentos difíciles de mi vida,
encontrar la diferencia del sufrimiento de una juventud que entonces viví,
en que acompañado de la soledad, el hambre y la miseria de entonces,
llenaron mi vida de amargos momentos que hoy me digo,
cómo poder salir de ese abismo en que hoy son mis recuerdos,
ya que se sumaron también el dolor, la tristeza, y la muerte en aquellos tristes
    momentos,
las noches en que el frio y la lluvia atormentaban mis sueños,
y aunque pareció no haber salida en aquellos momentos,
glorias vinieron a mí,
encantaron mi vida aquellos amores juveniles,
y así encauzaron mi vida por otros caminos,
por eso hoy el recordar besos, caricias y compañía,
siento hoy una gran emoción al traerlas a mi memoria,
fueron momentos de libertad que podía brincar de amor en amor,
era dulce, era triste, era de blanca belleza y aroma del cielo, o era morena
    ardiente,
pero fueron la dulzura que endulzó mi vida,
por eso aunque caigo en el abismo de mis tristes recuerdos,
se diluyen ante tan hermosas experiencias de amor, pasión y libertad.

246. ¿QUIÉNES PAGAN? 10-13-10

Tus ojos hicieron que mi alma se prendiera de amor por tí,
ese amor que nació en mi corazón por tí,
alcanzó limites sin fin en mi mente,
y mi vida se lleno de tí,
a pasos lentos fui recibiendo tu amor hacia mí,
abriste tus encantos y con tus besos se cegó más mi corazón por tí,
sentirte en mis brazos al bailar contigo mis pensamientos solo se centraban en
        tí,
y al alcanzar la culminación de tu amor,
se comenzó a destruir el hechizo que tus ojos crearon en mí,
ya no había amor en tus besos porque quizás nunca lo hubo,
tus caricias frías solo demostraban desamor,
tus entregas encerraron asco y obligación pero nunca amor,
tus entregas se fueron haciendo cada vez más frías,
y mi lucha por incrementar amor en tí por mí me esclavizó a tu vivir,
amor que nunca vi en tí por mí,
y frutos de ese sentimiento tuyo vinieron a nuestras vidas,
y solo tristeza, frustración y dolor sembré en ellas,
el amor que por ti profesé se empezó a destruir,
y a la vez destruí lo más sagrado que del amor que por tí sentí,
seres inocentes que aun pagan el precio de tu desamor por mí,
¿Por qué me cegué de amor por tí?
Cuando solo Dios supo lo que tu sentías por mí.

247. EL UNIVERSO DE TU
AMOR 10-14-10

En el azul del mar se reflejaba el cielo maravilloso,
el mismo que adornaba tu belleza engrandeciendo nuestras vidas,
el amor que de tí recibía en la playa era como las olas del mar,
sí, así sin fin, porque como ellas repetías tus besos y tus caricias,
las horas a tu lado no tenían efecto en nuestras mentes,
el tenernos mutuamente nos hacia repetirnos cuando nos amábamos,
el amarte con tanta ilusión solo hacia desearte más y más,
por fin tenía alguien por quien seguir luchando,
el vivir de tu amor ha sido el paraíso de mí vivir,
la felicidad que de tí recibo no tiene comparación,
contigo no hay dolor, pena ni llanto,
en la luz de la luna, el sol o en la oscuridad tu grandeza ilumina todo en mi,
¿Cómo pagar tanta dicha que de tí recibí?
Si no es con un amor tan inmenso como el mismo mar,
porque así siento el amarte,
tan profundo e inmenso como es el mar,
y quizás ni el tamaño del universo tenga el tamaño del amor que me das,
ese amor que de tí recibí en la playa es como contar los granos de arena,
tus besos y caricias como ellos no alcanzo a contarlos.

248. A LAS MUJERES QUE SE HAN IDO 10-15-10

¿Cómo desprenderme del pasado?
cuando me ahoga la tristeza del presente
las lágrimas se desprenden de mis ojos fácilmente,
la alegría de tu amor fue sin límites,
rogaste a Dios a cada momento por dar amor,
tus palabras eran alimento de nuestras almas,
siempre encontré en tí la ilusión por un nuevo amanecer,
tu canto siempre alegraba nuestras vidas,
todo en tí era impulso de vida,
agrandabas nuestros pasos para crecer más cada día,
con rosas adornabas nuestros espacios,
nada en tí nos hacia entristecer,
juntaste cada pedazo de nuestras vidas para engrandecerlas,
el cielo fue testigo de cuanto amor dabas en tus actos,
pero hoy te fuiste,
hoy te perdimos,
hoy el cielo al igual que nosotros llora,
pero nuestras lágrimas son de dolor por haberte perdido,
sus lágrimas son de alegría porque en el cielo te han recibido,
y hoy tenemos que aprender a vivir pero con tus enseñanzas,
porque en ellas iba el enorme amor que nos dabas.

249. DAMA DEL AMOR 10-20-10

Por el camino en que te cruzaste conmigo,
¡oh! dama del amor me enamoraste,
tu rostro, tu cuerpo, tu aroma, tu voz,
todo en tí fue lo más soñado de mi vida,
hoy brinco de alegría porque te tengo,
hoy gozo de tus besos y caricias,
hoy tengo toda tu pasión,
hoy desbordas en mi toda tu belleza,
hoy no tengo que imaginar nada,
contigo todo es amor y pasión sin igual,
en tus ojos me encuentro con amor,
en tu boca encuentro la miel del amor,
en tí está la mayor de las grandezas de la vida,
cómo no querer despertar en tus brazos,
si en tí nada puede ser igual que tu entrega,
pagar con amor, lealtad y libertad a tí,
que eres un ser sin fin,
con tu amor montañas, ríos y mares he de recorrer,
porque juntos podremos crear toda una vida sin fin,
¡oh! dama del amor hechiza mi alma,
para vivir eternamente de tu amor.

250. EL TREN 10-26-10

Suenan silbatos y campanas,
el tren nos va alcanzar,
en él viene la esperanza,
en él viene la felicidad de la gente,
en él encontraremos el pasaje a lo infinito,
en él encontraremos la luz de la enseñanza,
él trae el alimento a nuestra hambre,
él trae el impulso de nuestra fortuna,
él viene cargado de medicinas contra nuestras enfermedades,
en él encontraremos demasiado espacio para viajar para ser felices,
en él vienen seres que nos sacaran de la amargura y la desgracia,
en él encontraremos el camino que tanto buscamos para vivir eternamente,
él viene cargado de tanto amor que llenará nuestras necesidades de amar,
en él no hay cobro por viajar en el nos dará espacio gratis a todos,
ese tren es el tren de la oración a Dios,
esperémoslo diariamente para subirnos a él sin pensarlo,
porque en él hemos de encontrar la paz que tanto buscamos,
oremos subamos en el tren que solo felicidad nos dará.

251. SIN MUNDO 10-28-10

El querer vivir en un mundo que ya no me pertenece,
es estar queriendo revivir un pasado que ya no existe,
debo encontrar nuevos impulsos que me hagan vivir como en el pasado,
sí, tener nuevas ilusiones, nuevas metas que alcanzar,
ver cada atardecer como la esperanza de un nuevo día,
y nunca como el final de un día,
olvidar cuanto dolor hay en mi cuerpo,
debo darle vida y salud para ese nuevo despertar que viene,
ver en el amor lo que siempre desee,
buscar nuevas aventuras, nuevas ilusiones,
buscar encontrar la riqueza que siempre busqué,
no debo alimentar mi vida con nostalgias,
sí, la vejez ha llegado pero no la muerte,
debo salir al sol que cada mañana tenemos,
debo dejar la soledad y la tristeza,
esas no me pertenecen aun,
tengo vida y aunque poca salud,
si muchas ganas de vivir,
porque todavía no es tarde para hacerlo.